변화의 시작

변화의 시작

김선경 수필집

머리말

세속의 나이는 슬그머니 칠순을 넘겨 버렸다. 그래도 마음만은 아직 꿈 많은 소싯적 시절에 머무르고 싶은 모양이다. 글의 행간에 어설프고 풋내 나는 이야기들이 가책도 없이 천연덕스럽게 널브러져 있다. 보관해 온 몇 년 치의 글을 엮다 보니 시차도 많이 어긋난다. 서둘러 양해를 구하는 부분이다.

책의 1부는 봄, 여름, 가을, 겨울의 사계와 관련된 글들, 2부는 평범하지 않은 일상과 몇 편의 에피소드들, 3부는 어머니와 재롱둥이 손자 이야기, 4부는 여행의 형식을 빌려 쓴 이야기와 연전에 발간한 자전적 수필집 《불멸의 명화》에서 가족 이야기 3편을 추려서 엮었다. 1집을 못 본 독자를 위한 오지랖뿐만 아니라, 2집 전반에 흐르는 내 삶의 과거(어머니), 현재(아내), 미래(손자) 이야기를 대변하기 때문이다.

전작에서도 말씀드린 바와 같이 내가 쓰는 수필은 이 갈래의 논리적이며 지적인 성격을 지닌 중수필과는 거리가 있다. 그냥 이 세상을 살다 보면 겪을 소소한 이야기들 속에서 뭔가 재밌고 울림이 있는 내용을 담아내려고 애썼다는 사실을 먼저 염두에 둬 줬으면 한다.

   문단의 오름길을 열어 주신 박양근 지도교수님께 깊이 감사드린다. 말년을 풍요롭게 해 주는 아내, 아들, 딸, 사위, 책의 곳곳에 등장하는 귀여운 손자에게 고맙고 사랑한다는 말을 전한다.

2025년 5월의 푸른 날에
김선경

| 차례 |

머리말 4

제1부 뒷산 호박꽃

회춘 12
뒷산 호박꽃 17
개구리복의 추억 22
인자요수 27
납량 특집 32
별의 노래 37
지룡 애사哀詞 42
억새의 손짓 46
눈의 연가 52

제2부 신병 인수

변화의 시작　58
부산 지킴이　63
망우가 亡友歌　68
신병 인수　73
비사 祕事　78
설밑 하루　83
꽃나무 연상 聯想　87
천진불　92
불면의 새벽　97

제3부 참살이 셰프

어설픈 이야기꾼 104

참살이 셰프 109

어머니의 반려견 114

점괘와 글 길 119

신동의 조건 123

기러기 할배 128

특유재산 133

유비무환 138

조마이섬 142

제4부 저승 탐방

세상이 왜 이래 148
엽낭게야 잘 가 153
문도를 찾아서 158
순장 애곡 163
저승 탐방 167
도롱뇽의 승천 172
불멸의 명화 177
둥지 181

작품 해설

인생을 재점화하는 김선경 수필의 미학 188
- 박양근(문학평론가, 부경대 명예교수)

제1부
뒷산 호박꽃

회춘

뒷산 호박꽃

개구리복의 추억

인자요수

납량 특집

별의 노래

지룡 애사哀詞

억새의 손짓

눈의 연가

회춘

귀 기울이면 들리는 것들. 나무에 물오르는 소리, 실개천 살얼음이 녹는 소리, 새 생명의 고고한 울음과 스러지는 것의 외로운 단말마까지. 불어오는 바람에 익숙한 내음이 묻어나는 것도, 잇달아 부고訃告가 날아오는 것도, 곧 계절이 바뀐다는 신호탄이다.

내 나이 예순아홉, 망팔望八이 바로 눈앞이다. 망팔은 여든을 바라본다는 뜻으로 나이 일흔한 살을 이르는 말이다. 사람은 통상 평균 수명을 따져서 자신이 살날을 손꼽아 보곤 한다. 한국인의 남자 평균 기대수명이 얼추 여든이다. 나도 어느새 강 건너 불구경할 입장이 아닌 처지가 되었다.

이맘때의 나이는 하루하루가 금싸라기와 같다. 하지만 악성 바이러스가 지배하는 세상에선 딱히 할 일이 그리 많지 않다. 손주를 돌보거나, 도서관에 틀어박혀 책을 본다거나, 괜히 시내를 어슬렁거리며 배회한다. 저녁이면 어김없이 텔레비전 앞에 자리한다. 자연스레 유선방송에서 제공하는 영화를 벗 삼은 지 오래다. 사이사이에 곁들이는 광고도 어쩔 수 없이 보게 된다. 오빠부대의 원조이자 한 시대를 풍미하던 국민가수가 먹어 가는 귀를 솔깃하게 한다.

"남자는 말이지 전립선하고 지구력이 좋아야 쓴다."

월남전에 참전했으니 나보다 한참 연상일 테다. 그런데도 전립선에 이상이 없음을 자랑하고 있으니 혈색 좋은 그의 건강이 부럽다.

전립선은 나의 아픈 자존심이기도 하다. 한때 건강검진에서 전립선에 관련된 수치가 정상인의 2배 가까이 나왔었다. 여러 처방과 물리요법을 동원한 끝에 가까스로 위험 범주에서 벗어날 수 있었다. 남자는 그게 안 좋으면 꼭 쓸모없는 인간이 된 것처럼 심한 자괴감에 빠진다.

내가 한참 전립선으로 고전할 때, 늦깎이로 시작한 방송대의 원격수업은 마침 《고전시가강독》의 민요를 강의하고 있었다. 민요民謠는 노동과 여가, 의식과 정치에 대한 내용이 주를 이룬다. 이 중 여가요餘暇謠는 소비한 노동력을 재생산하는 과정에서 부르는 노래다.

    뒷산에 딱따구리는 없는 구멍도 파는데
    우리 집의 멍텅구리는 있는 구멍도 못 찾네
    아리 아리랑 쓰리 쓰리랑 아라리가 났네
    아리랑 응·응·응 아라리가 났네

옛사람들의 익살이 흠뻑 배어든 '진도 아리랑'의 일부다. 야하면서도 표현의 은유가 입가에 미소를 절로 번지게 한다.

우리 집의 이놈과 비교되는 그놈은 뒷산을 오르다 보면 자주 접한다. 비탈진 나무에 수직으로 붙어서 "따닥따닥" 하는 소리를 내면 영락없는 딱따구리다. 정수리에 빨간 무늬는 수컷, 없으면 암컷이다.

한때 텔레비전에서도 딱따구리를 다룬 애니메이션 영화가 인기리에 방영됐었다. 빨간 머리를 한 그놈은 웃음소리가 특이했다. 경쾌한 음악 소리와 함께 "으헤헤헤헤 으헤헤헤헤" 하고 약을 올리듯 기이하게 웃었다. 그 웃음소리를 앞의 민요에 꿰맞추니 절묘하게도 멍텅구리에 대한 비웃음이 아닌가? 인생의 봄은 저물어 가는 노생老生들의 이상향이다.

자연의 새벽을 여는 조춘早春. 그 길목에서 기다리는 꽃이 있다. 엄한嚴寒을 뚫고 온다, 하여 시인 묵객들이 찬사를 늘어놓는 문인화文人花이다. "온갖 꽃이 미처 피기도 전에 맨 먼저 피어나서 봄소식을 알려 준다."라는 단순한 말이 오히려 더 돋보이기까지 하다. 평양 기생 매화(생몰 일시 미상)의 《병와가곡집》에 수록된 시조도 이 꽃을 소개하는 데는 도움이 되겠다.

梅花 녯 등걸에 春節이 도라오니
녜 퓌던 柯枝에 픠엄즉 ᄒ더마는

春雪이 亂紛紛ᄒ니 필동 말동 ᄒ여라

　이런 만인이 찬양하는 계절에 떠난 박복한 이는 누구일까? 멀리서 찾을 것도 없이 선친은 봄에 세상을 버리셨다. 그때, 상여 나가는 날. 선산으로 가는 언양 작천정 길에는 하얀 벚꽃이 흐드러졌었다. 간월산과 작괘천 계곡의 춘색春色은 더할 나위 없었다. 제사 때면 항상 떠오르는 장면이다. 그즈음이면 아들과 조카들에게 옷깃을 여미며 해 주는 말이 있다.

　"우리가 보는 주검은 죽음이 아니다. 아무도 기억해 주는 이가 없을 때, 비로소 이 세상을 영원히 떠나는 것이다. 우리를 있게 해 주신 데 대해 감사한 마음을 가졌으면 한다."

　코로나의 여파로 제사는 시늉만 내고 있다. 안타깝지만 부모님의 기억도 점점 희미해져 간다.

　지금 삽짝 앞에 서 있는 봄은 연년年年의 그 봄이 아니다. 지난 한 해 묵묵히 버텨 낸 이에게 하늘이 내리는 특별한 선물이다. 온갖 생명을 잉태한 것들이 다시 흐르거나, 치솟거나, 터뜨릴 것이다. 움츠렸던 가슴을 펴고 활기차게 맞아들여야 한다. 혹시 긴긴 겨울이 끝나 가는 이런 호시절에 갓 쓰고 시커먼 두루마기를 걸친 자가 막아선다면 바짓가랑이 부여잡고 애원해 보자. 이미 무고한 많은 이를 데려갔으니 이제, 그만 멈추시라고. 그게 안 먹히면 어느 노랫말처럼 할 일이 남았다고 뻗대어나 보자.

다 떨치고 봄 마중을 나선다. 스치는 바람에 춘기春氣가 돈다. 긴 역병으로 암울했던 사회의 그늘진 곳에도 곧 희망의 새싹이 돋아 오르겠지. 회춘回春은 온 우주 삼라만상 무엇에게나 선망의 대상이다.

뒷산 호박꽃

내가 사는 아파트는 산자락을 깎아 세워 집 뒤가 바로 산이다. 산 초입에서 완만한 경사로를 조금만 오르면 소나무 군락지 사이로 좁다란 오솔길이 나 있다. 나이 든 이들이 걷기 운동을 하느라 상시 길이 메인다. 코로나가 한창 번창하던 겨울 한낮에는 동네 어르신들이 양지바른 벤치에서 햇볕을 쬐며 면역력을 키우던 곳이기도 하다.

따뜻한 봄날, 내 또래의 아주머니가 난데없이 오솔길 한쪽 변에 화초를 심기 시작했다. 수국을 주로 하여 아이리스, 란타나, 백합 등을 심었다. 건강을 다지는 길에 꽃 보는 재미까지 더해져 한결 매력적인 장소로 변모했다.

지난해 늦은 가을의 하루, 세 살짜리 외손자가 집에 왔다. 별나기가 민간 설화 속의 '오성' 못지않다. 아내가 때깔 좋은 늙은 호박을 하나 사 와 시집간 딸 방에 두었었다. 녀석이 호박을 발판 삼아 책상 위에 놓인 물건을 만지려다가 그만 꼭지 부분이 움푹 들어가고 말았다. 장시간 고온에서 보관한 탓에 물러졌던 모양이다. 부랴부랴 호박전을 부치고, 씨를 말려 조그만 통에 담아 놓았다.

나는 그중 하나를 시험 삼아 화분에 심어 앞 베란다에 두었다. 싹이 돋아나고 줄기를 이루더니 노란 호박꽃이 서너 송이 피어났다. 그러고는 단 하루 만에 모두 오그라들었다. 절기가 서리가 내린다는 상강을 지난 때라 열매를 맺기에는 너무 늦어서 그런 줄 알았다. 그때는 호박꽃에 암수가 있다는 사실은 상상도 못 했다.

호박꽃을 보면서 억척스럽던 어머니가 생각났다. 어릴 적, 어머니는 남이 선점한 집 앞 언덕에 일전을 불사하고 구덩이 서너 개를 파서 호박 씨앗을 뿌렸다. 여름이 되자 언덕은 온통 초록의 호박잎으로 덮였다. 어머니는 여덟 식구를 위해 부지런히 호박 언덕을 오갔다. 처음에는 호박잎으로 쌈밥을 차려 내더니, 자그만 연둣빛 애호박이 달릴 무렵에는 된장국이 주메뉴였다. 호박을 수확해서는 달착지근한 호박전도 부쳐 냈다. 그런 날 저녁이면 구수한 호박 된장국을 곁들여 진수성찬이 되었다. 나에게는 호박이 그냥 호박이 아니었다.

뒷산 오솔길로 올라가는 비탈진 곳은 군데군데 맨땅이 드러나 푸석거린다. 죽은 소나무를 뒤처리한 곳에 독한 재선충 약을 뿌려서 그런지 풀들이 잘 자라지를 않는다. 거기다 이런저런 쓰레기를 갖다 버려서 지저분하기 짝이 없다. 구청에서 사람을 동원하여 때

때로 청소를 하지만 어쨌든 그곳은 이 산에서 가장 천대받는 구역이다. 걷기 운동을 하러 올라갈 때면 늘 마음 한편이 불편했다. 오솔길에 꽃 심는 낯선 아주머니를 보던 날, 나도 저 천덕꾸러기 땅에 어머니처럼 풍성한 녹색의 호박밭을 일구면 어떨까, 싶었다.

통에 보관해 온 호박씨 중 튼실한 놈들을 골라 물에 불려서 뒷산 삭막한 곳에 파종했다. 씨를 심는 의미는 단순했다. 산을 오르내리는 사람들에게 노란 호박꽃의 순박함을 전해 주자는 거였다. 매일이다시피 페트병에 물을 담아 가서 지극정성으로 물을 줬다. 넉넉히 가져가서 남는 물은 오솔길의 수국에도 뿌렸다.

일주일쯤 지나자 군데군데 호박의 쌍떡잎이 돋아났다. 떡잎이 제자리를 잡아 갈 즈음에 싹들이 하나둘 소리 소문도 없이 사라졌다. 누가 파 가 버린 것이다. 이런 개념 없는 일에 화가 잔뜩 났지만 속수무책이었다. 나는 남은 싹 두 곳에 나뭇가지로 듬성듬성 울타리를 쳤다. 간절한 마음이 통했는지 그 이후로 손대는 사람이 없었다. 한 달쯤 지나자 움튼 싹에서 힘차게 초록의 줄기를 뻗쳐 내기 시작했다.

하루는 운동하고 내려오는데 비슷한 연배의 남자가 호박 뿌리 주위를 작대기로 들쑤시고 있었다. 혹시 싹을 파 간 사람인가 하고 살펴보니 그럴 사람으로는 보이지 않는다. 내가 씨앗을 심은 당사자라고 밝히자, 누가 이런 고마운 일을 했는지 안 그래도 궁금했다고 한다. 옛날 못살던 시절이 생각나서 특별히 비료도 가져

와서 뿌렸단다. 내가 함께 잘 보살피자고 인사를 하고 돌아서는데, 가슴이 먹먹해 온다. 이심전심으로 지난 세월에 대한 진한 연민에 빠졌기 때문이리라.

호박은 수년째 휴지기 상태인 땅의 영향인지 잎 하나하나가 연꽃잎처럼 큼지막했다. 지저분한 곳이 널따란 초록의 잎들로 차츰 정화되어 갔다. 거기에 노란 꽃이 여기저기서 연이어 피어나 깔끔함을 더했다. 알아본 바에 의하면 아쉽게도 모두 수꽃이다. 이왕이면 다홍치마라고 암꽃이면 얼마나 좋을까. 때맞춰 순지르기 하고 나니 가지도 엄청나게 번졌다.

어느 날 산을 오르다 줄기 끝을 보니 손톱만 한 아기 호박이 망울진 꽃 밑에 찰싹 붙어 있다. 암꽃이다. 얼마나 반가웠던지. 다음 날 설레는 마음으로 찾아가니 그 꽃이 온데간데없다.

'세상에나 그 쪼그만 것을 뭐 먹을 게 있다고 따 간단 말인가?'

나는 당연히 동네 사람들이 그런다고 생각했다. 아내가 듣기 거북할 정도로 걷기 내내 구시렁댔다.

운동을 하고 내려오던 아내가 불쑥 이런 선문답 같은 말을 던진다.

"그거 새들이 따 먹은 게 아닐까요?"

순간 뒤통수를 얻어맞은 것같이 정신이 번쩍 든다. 뒷산에 터를 잡은 직박구리 같은 새들이 꽃잎과 열매를 즐겨 따 먹는다는 글을 어디서 봤기 때문이다. 어째 그 생각을 못 하고 애꿎이 애먼 사람들만 의심했을까? 아내에게 언행이 일치하지 않는 못난 마음만

여지없이 드러내고 말았으니….

  호박의 꽃말은 포용, 관대함 등이다. 오늘따라 뒷산에 핀 노란 호박꽃이 꽃말 그대로 한없이 너그럽고 관대해 보인다.

개구리복의 추억

"콩닥콩닥 콩 다다닥!"

동네가 온통 콩 볶는 소리로 요란하다. 난리의 진원지는 아파트 맞은편에 있는 예비군 훈련장이다. 코로나 시국에는 좀처럼 들을 수 없던 사격훈련을 하는 모양이다. 그 소리에 과거로 까무룩 속절없이 빠져든다.

전역한 지 얼마 되지 않아 한동안 동원 훈련을 받으러 다닐 때는 1980년대 초반이었다. 그 시절의 예비군은 마치 경쟁이나 하듯이 스스로 인간이기를 포기했다. 멀쩡한 젊은이도 얼룩덜룩한 개구리복만 입으면 행동이 완전 개차반이었다. 술에 취해 팔자걸음에 복장 불량은 기본이요, 애꿎이 남의 집 담벼락에 지도 그리기, 지나가는 여자 희롱하기 등 눈꼴사나운 짓은 골라 가면서 다했다. 오죽하면 훈련장 안에서만 예비군 복장을 하고 정문 밖에서는 사복으로 갈아입게 하였을까.

예비군 훈련은 난도가 그리 높지 않다. 필수 코스인 야외에서의 영점 사격을 마치고 나면, 대강당에 모여서 받는 시청각이나 정훈 교육 시간에 깜빡깜빡 조는 게 일과였다. 간혹 사주 경계란 명목으로 행군을 갔다 오기도 하지만, 예비군도 현역처럼 국방부 시계는 거꾸로 매달아 놓아도 어김없이 돌아간다. 한 이삼일만 어영부영하면 사회인으로의 복귀는 따 놓은 당상인데, 그새를 못 참고 훈련을 면제받기 위해 별별 희한한 짓을 다 했다.

하루는 예비군 훈련장에 보건소 차량이 찾아왔다. 한참 산아제한을 위한 정관 수술이 권장되던 시기였다. 수술을 받으면 주택청약 가산점에 나머지 훈련을 빼 준다고 했다. 나는 총각이라 별 관심이 없었으나 여러 명이 대기하고 있던 차를 타고 떠났다. 나중에 떠도는 소문으로는 3대 독자인 외동아들이 미혼인 채로 정관 수술을 받았다고 한다. 과장된 뜬소문일 수도 있겠으나 예비군복만 입으면 충동적으로 얼토당토않은 짓을 저질렀다.

예비군의 올챙이 시절인 현역들도 예측 안 되기는 매일반이다. 최전방 철책선 근무를 할 때였다. 그 당시 병사들 간의 자조 섞인 유행어는 전봇대에 치마만 둘러 놓아도 예뻐 보인다는 말이다. 민통선 지역이라 민간인 자체를 볼 수 없어서 나온 말이다. 그러다가 휴가를 가면 얼이 반쯤 빠져나갈 것은 당연지사다.

그런 전방에 어느 날 뜻밖의 희소식이 날아왔다. 대대 연병장에서 위문 공연이 있다고 했다. 스트립쇼까지 한다는 소문에 전우들의 눈빛이 달라졌다. 군용 트럭을 타고 푹 꺼진 곳에 위치한 공연장에 도착하니 병사들로 발 디딜 틈이 없었다. 무대가 막사를 등지고 제법 그럴듯하게 설치되어 있었다.

건장한 연예 병사의 사회로 공연이 시작됐다. 군가로 잠시 흥을 돋운 후, 소문대로 눈부시게 하얀 몸매를 가진 무용수의 스트립쇼가 펼쳐졌다. 군용 모포 위에서 실연되는 야릇한 율동으로 연병장은 뜨거운 열기로 가득했다. 애태우는 몸짓이 절정에 이를 즈음, 혈기를 참지 못한 대여섯의 병사들이 기습적으로 난입하여 공연장을 순식간에 아수라장으로 만들었다. 급히 나타난 사회자가 불청객들 뺨을 사정없이 후려치고, 정신을 차린 병사들이 비틀거리며 퇴장했다.

연기자가 그런 수모를 당했으니, 파국을 맞을 것은 기정사실처럼 보였다. 한데 달랐다. 그녀는 진정한 프로였다. 잠시 매무새를 가다듬더니 언제 그랬냐는 듯 나머지 공연을 현란한 몸짓으로 마무리했다. 외설적 선입견이 예술적 감동으로 정화되는 순간이었다. 내무반에 돌아와서도 무용수의 우아한 자태가 가물거려 밤잠을 설쳤다. 이건 실화이다.

내용은 다르지만, 이런 실화도 있다. 노총각 시절인 1983년 8월경, 휴일이라 집에서 봉황대기 고교 야구 결승전을 TV로 느긋하게 보고 있을 때였다. 갑자기 "왜~애앵" 하는 민방공 훈련 사이렌이 울리고, 매월 15일이면 듣던 익숙한 목소리가 "국민 여러분

공습경보를 발령합니다. 이것은 실제 상황입니다. 지금 적기가 서해안과 인천을 공습하고 있습니다."라는 멘트를 반복적으로 숨 가쁘게 되뇌었다.

텔레비전 화면은 선수들이 철수한 동대문야구장만 휑뎅그렁하게 비추고 있었다. 나는 한 치의 망설임도 없이 예비군복을 꺼내 놓고 소집에 응할 채비를 했다. 중공 미그기 한 대가 귀순한 사건이었는데, 민방위 훈련을 할 때의 톤으로 실제 상황임을 외쳐 댔으니 얼마나 놀랐던지. 다음 날 신문은 국민 모두가 일사불란하게 최고의 민방공 대피 훈련을 했다는 기사를 일제히 쏟아 냈다.

군인들은 짬밥을 싫어한다. 사회 밥에 물든 예비군들은 그 정도가 더하다. 예비군 훈련소에서 주는 급식이 부실하기도 하고, 힘들었던 군대 시절 생각이 나서 더 그랬다. 이런 사정으로 예비군 훈련 때면 전방 철책선 근무를 하면서 봤던 무용수처럼 가슴 설레며 만나는 여인이 있다. 점심시간에 맞춰 훈련장 느슨한 철조망 밖 산등성이에 게릴라처럼 나타나는 소고기국밥 아지매가 그 주인공이다. 콩나물을 듬뿍 넣은 설설 끓는 국밥은 정말 별미였다. 가격도 저렴했던 것 같다.

얼마 전 인터넷에서 "예비군 훈련장 '부실 급식'에 분통. 교도소 식사도 이 정도는 아냐."라는 기사를 본 적이 있다. 사진 속 식판에는 오이무침 두 조각과 단호박 샐러드, 김치 등의 채소 반찬과 짬뽕으로 추정되는 국, 하얀 쌀밥이 가득 담겨 있었다. 우리 시절

잣대로는 그 정도면 양호한데, 요즘 젊은 세대에게 육류가 빠진 식단은 결코 좋은 평가를 받을 수 없었으리라.

오랜만에 듣는 총소리에 시간을 한참이나 거슬렀다. 군인, 예비군을 거쳐 직장민방위대에 편성된 30대 후반 무렵, 민방위대 집합교육을 받으면서 대원끼리 하던 말이 있다. "국가의 부름을 받을 때가 좋지 이마저도 의무 해제되면 좋은 시절 다 간다." 우스개로 했던 말이 씨가 되어 정말 세월이 무상할 나이가 되었다. 그땐 하릴없이 개구리복을 추억하는 날이 올 줄 누가 상상이나 했을까.

인자요수

한때 《논어》에 심취했었다. 명료한 공자 왈曰에 매료되어 밤을 꼬박 새우기도 했다. 그렇게 《논어》에 빠져들면서도 헷갈렸던 게 있다. 〈옹야雍也편〉에 나오는 지혜로운 사람은 물을 좋아하고, 어진 사람은 산을 좋아한다는 "知者樂水(지자요수), 仁者樂山(인자요산)."이라는 문구다. 왜 물을 좋아하면 인자가 아니고 지자라 했을까?

앞의 글귀에 이어서 이런 글이 나온다. 지혜로운 사람은 활동적이고, 어진 사람은 정적이다. 지혜로운 사람은 즐기며 살고, 어진 사람은 장수한다는 "知者動(지자동), 仁者靜(인자정). 知者樂(지자락), 仁者壽(인자수)."라는 구절이다. 물을 좋아하는 지자가 활동적이라는 것은 끊임없이 흘러 움직이는 물의 속성과 연관이 있겠고, 산을 좋아하는 인자가 정적이라는 것은 한자리에 붙박인 산의 고유한 특성과 통하는 면이 있으리라. 지혜로워 즐기며 살고, 어질어 장수한다는 의미는 지자와 인자의 마음 씀씀이를 에두른 것 같다. 과연 맞는 말일까?

　나는 경주 김金 씨, 경經 자 돌림에 가운데에 착할 선善 자를 넣은 이름자를 선친이 지어 준 대로 쓰고 있다. 남한테 피해를 주지 않고 착하게 사는 것은 고인故人의 생활신조이기도 했다. 그 이름자가 선한 역할을 했는지 어딜 가도 나쁜 놈이라는 소리는 듣지 않고 살았다. 스스로 판단에도 지혜로운 구석은 특출난 게 없으니, 굳이 따지자면 지자보다는 인자에 가깝다. 또한 산보다는 물로 채워진 바다를 지나칠 정도로 좋아한다. 극히 개인적이지만 '仁者樂水(인자요수)'로 공자님의 논리에 어긋난다.

　나의 취미는 낚시였다. 진행형이 아닌 과거형으로 쓰는 건 살생을 금기시하는 불자인 아내의 반대로 낚시를 접었기 때문이다. 지금 생각해도 가정의 안녕을 위해 잘한 결단으로 여겨진다. 하지만 바다에 대한 애정만은 여전하다. 연전에 발간한 첫 수필집에 낚시와 바다에 얽힌 이야기를 네 편이나 시리즈물로 담았을 정도이다.

　남다르게 바다 사랑을 하던 그날도 태풍이 잦은 이맘때쯤이지 싶다. 동생들과 배를 타고 몰운대 '끝바리'로 갯바위 출조出釣를 나갔다. 다대포 해수욕장을 거쳐 도보로 가는 방법도 있지만, 워낙 먼 거리에다 장비도 많아 배를 탄 것이다. 가는 날이 장날이라고 물이 심하게 빠져 고기는 코빼기도 보이지 않았다.

　하도 심심해서 조개류나 캐려고 물가로 내려갔더니, 이게 웬 횡재수인가? 여태껏 발판 삼아 서 있던 갯바위 밑, 물이 빠져 드러난

곳에 부드럽고 몸체가 짧은 돌미역이 새까맣게 붙어 있었다. 그때부터 낚시는 뒷전이었다. 바짓가랑이를 걷어붙이고 양손을 부지런히 움직여 순식간에 커다란 봉지를 한가득 채웠다. 그걸 집으로 가져와서 국을 끓였더니 뽀얀 국물에 식감이 오돌오돌한 게 태어나서 먹은 미역 중에서 단연 으뜸이었다. 아내가 두고두고 이야기할 정도로 미역국의 전설로 남았다.

　태풍이 휘몰아친 다음 날이었다. 다대포 해안가에 미역이 떠밀려 왔을지도 모른다는 생각에 좀이 쑤셔서 가만히 있을 수가 없었다. 기억을 소환하며 부추겼더니, 아내도 못 이기는 척 따라나선다. 평소 눈여겨봐 뒀던 몰운대 한적한 자갈밭에는 역시나! 파도에 쓸려 온 미역이 여기저기 널브러져 있었다. 그중 부드러운 미역들을 골라 집에 와서 국을 끓였더니, 영 그때의 맛이 나지 않는다.

　며칠 후, 간물때를 맞춰 아내와 같이 다대포로 맛조개잡이를 나섰다. 그때 미역을 줍던 날, 백사장에 사람들이 옹기종기 모여 있어 호기심에서 들여다봤더니 맛조개를 잡고 있었다. 우리도 한번 날 잡아 오자고 단단히 기약했었다. 인터넷을 보고 준비한 물품이 맛소금과 조그만 모종삽과 플라스틱 통이다. 따가운 햇살 가리개로 커다란 우산도 하나 준비했다.

　다대포는 민물과 바닷물이 합쳐진 곳이라 어패류의 보고다. 백합 조개는 어릴 적 어른들을 따라왔다가 멋모르고 잡은 적이 있지만 맛조개는 처음이다. 백사장에 조그만 구멍이 수도 없이 뚫려 있다. 그 구멍들을 이곳저곳 헤집어 보니 대부분이 게 구멍이다. 잘 잡는 사람에게 비법을 물어도 가르쳐 주지를 않는다. 다들 맛조개 잡는 재미에 눈이 벌겋다.

아내와 내가 지나간 자리는 실속 없이 파 뒤집힌 모래만 길게 띠를 이루었다. 연방 헛손질만 하다가 제풀에 지쳐 갈 즈음, 정말 우연히, 특이하게도, 구멍 중에서 모래성처럼 동그랗게 띠를 두르고 있는 게 보였다. 여기를 조금 파니까 여느 때와 달리 쭉 째진 형태로 변했다. 거기에 맛소금을 뿌리고 잠시 기다리니 삼투압으로 수분이 빠져나가는 것을 견디다 못한 맛조개가 머리를 '쏙' 하고 내밀었다. 얼른 엄지와 집게손가락을 이용하여 잽싸게 낚아채자, 기다란 황금색 맛조개가 '쑥' 하고 무 뽑히듯이 잡혀 올라왔다. 얼마나 흥분되고 재밌던지. 집에 와서 대강 해감을 하고 삶았더니 갯벌 냄새가 심해서 제대로 먹지도 못하고 다 버렸다. 맛조개잡이는 그것으로 끝이었다. 귀한 생명체를 재미로 잡아서는 안 되지 않는가. 여하튼 이런저런 핑계로 바다를 떠나지 못하고 주변을 계속 맴돌았다.

물을 좋아하면 지자라 한 것은 물의 섭리처럼 어떤 상황 변화에도 유연히 대처할 줄 아는 슬기로움에서 나온 말은 아닐까? 산은 변화무상한 사계四季를 우직하게 온몸으로 아우르고 있으니, 덕을 숭상하는 인자가 좋아할 만은 하다. 한데 산과 물은 특정인뿐만 아니라, 온 인류가 좋아하는 대자연이 아닌가? 아직도 '지자요수'

라는 구절에는 쉽게 수긍이 안 간다.

《논어》의 〈학이學而편〉에 "남이 나를 인정해 주지 않아도 화내지 않는다면 군자가 아니겠는가?"하는 "人不知而不慍(인불지이불온), 不亦君子乎(불역군자호)?"라는 말이 있다. 군자는 공자가 최고로 치는 인간형으로, 언행이 점잖고 어질며 덕과 학식이 높은 사람을 말한다. 곧 지자와 인자를 합친 이가 군자다.

나는《논어》를 탐독하면서 은근히 군자가 되는 덕을 쌓기를 원했었다. 세월이 지나고 보니 이도 저도 아닌 범자凡者가 되었다. 지금은 사는 날까지 그저 사람 냄새가 나는 선한 인자人者이고 싶다.

납량 특집

올해는 더위에 또 얼마나 부대낄지. 몸과 마음이 미처 대비하기도 전에 수은주가 연일 30도를 오르내린다. 예전에는 아무리 심한 복더위라도 삼계탕 한 그릇이면 무난히 넘어가곤 했었다. 요즘은 나이 탓인지 그 약발도 듣지 않는다. 좀 궁상맞긴 하지만 괴기스럽고 오싹한 이야기로 더위를 잠시 잊어 보려 한다.

《논어》〈옹야雍也편〉에는 "지자요수知者樂水" 즉, '지혜로운 사람은 물을 좋아한다.'라는 구절이 나온다. 나는 공자님 말씀 중에서 이 말을 제일 신뢰하지 않는다. 도대체 물을 좋아하는 것과 지혜로움이 무슨 상관이 있다는 말인가? 단지, 물을 좋아하면 한 번쯤 물귀신을 만나게 된다는 것은 얼마간의 경험치로 장담할 수 있다.

막 헤엄치는 법을 배워 물놀이 재미에 푹 빠져 있던 개구쟁이 시절. 누나와 같이 집 인근의 수원지 옆 배수구에 있는 직사각형 웅덩이에 물장구를 치러 갔었다. 웅덩이는 어른의 세 배 정도 깊이여서 헤엄이 미숙한 아이는 무릎 정도 높이의 개천으로 연결된 곳에서만 놀아야 동네 형들에게 혼쭐이 나지 않았다.

한참을 웅덩이 경계를 넘나들고 있는데 집에 갈 채비를 하던 누나가 손짓으로 나오라고 했다. 이때 무슨 귀신에 씐 듯이 숨을 세 번 쉴 거리의 웅덩이 저편 돌로 된 벽까지 수영 실력을 뽐내려고 갔었다. 그렇게 가서는 벽면을 폼 나게 손바닥으로 찍고 돌아 나와서 이제 무릎까지 오는 안전한 곳이겠지 하고 일어서는데, 그만 깊은 바닥으로 한정없이 쑥 빨려 들어가는 게 아닌가. 웅덩이에서 빠져나오려고 아무리 발버둥을 쳐도 누가 잡아당기듯이 잘 올라와지지를 않았다. 물을 몇 번이나 먹고 안전한 곳으로 나와서 보니 발에 허연 동물의 창자 같은 게 걸려 있었다.

이렇게 죽을 고비를 넘기고 나니 나중에는 별별 희한한 생각이 다 들었다. 얼마 전 스님이 목탁을 두드리며 이곳에 빠져 죽은 동네 아이의 혼백을 건진다고 재(齋)를 올리던 게 기억이 나고, 누나가 손짓을 한 것도 그 아이가 시켜서 그랬던 것 같아 한동안 웅덩이 근처는 얼씬을 못 했었다. 돌이켜 보면, 이 사건으로 시커먼 어둠의 그림자가 언제든 나를 덮칠 수 있다는 것을 어렴풋이나마 눈치를 챘던 것 같다.

군대에서도 여름철이면 〈전설의 고향〉처럼 등골이 오싹할 납량 특집의 기억이 있다. 서부전선 최전방 철책선 근무를 할 때였다. 누가 휴가를 갔다 오면서 만화책을 한 권 가지고 왔다. 50년 가까운 세월이 흘러 기억이 정확하지는 않지만, 내무반에 앉아 무심코 본 내용은 이랬다.

어느 비가 추적거리는 밤. 재를 넘지 못한 네 명의 나그네들이 주막에 앉아 이런저런 이야기를 나누고 있었다. 그때 한옆에서 무심한 듯 자리를 지키던 주인 사내가 불쑥 대화에 끼어들었다. 매년 이맘때쯤 비 내리는 밤이면, 다음 날 마을 호숫가의 수양 버드나무에 사람이 한 명씩 목을 매달아 죽는다고 했다. 억울한 누명을 쓰고 나무에 목을 맨 아랫마을 처녀의 원혼이 붙어서 그렇다고도 했다.

이 말을 들은 손님들이 무료함을 달래려고 내기를 걸었다. 누가 버드나무에 식칼을 꽂고 늘어진 가지를 꺾어 오면, 나머지 사람들이 갹출해서 쌀 한 가마를 주자는 것이다. 모두 주저하고 있을 때 문이 벌컥 열리면서 비를 맞고 아기를 포대기로 업은 초라한 행색의 젊은 여인네가 자기가 하겠다고 나선다. 걱정되어 말려도 기어이 하겠다고 고집을 부린다. 끝끝내 아낙네가 식칼과 낫을 들고 주막을 나서고….

아낙이 목적지에 당도했을 때는 시시각각 좁혀 오는 귀신에 대한 공포로 온전한 정신 상태가 아니었다. 그녀의 핏발 선 눈에는 물가에 늘어진 수양버들이 꼭 여자가 호수에 머리를 감고 있는 것처럼 보였다. 눈을 질끈 감은 채로 나무에 식칼을 콱 꽂고 나뭇가지를 잘라서 돌아서는데, "네 이년! 무슨 원수가 져서 내 몸에 칼을 꽂고 머리를 잘라 가느냐."라며 머리끄덩이를 확 잡아챘다. 아낙네가 그 손을 낫으로 잘라 버리고 주막으로 정신없이 내달렸다.

잠시 후, 남정네들 앞에는 온통 머리를 풀어헤친 여인네가 피가 뚝뚝 듣는 아기 머리를 들고 서 있었다. 아기가 깨서 엄마 머리를 잡아당겼는데, 머리를 감던 여자 귀신이 당긴 걸로 알고 목을 베어 버린 것이다. 그다음 날 아낙이 호숫가 버드나무에 목을 매고 자살했다는 비극적인 이야기가 결말이다. 그날 밤 철책선 근무를 서면서 뒷머리가 얼마나 써늘했던지….

미국의 제32대 대통령 프랭클린 D. 루스벨트는 "우리가 유일하게 두려워해야 할 대상은 두려움 그 자체"라고 했다.

공직에서 은퇴하고 취미 삼아 한창 낚시를 다닐 때였다. 하루는 평소 자주 가던 송도 암남공원 갯바위로 출조를 나갔다. 또래 낚시인들이 항상 붐비던 곳인데, 어쩐 일인지 그날따라 인기척 하나 없이 찬 공기만 휑하니 돌고 있었다. 날씨는 우중충하고 물색도 거무죽죽한 게 분위기 또한 예사롭지 않았다.

반유동 채비를 하여 낚시를 던진 지 얼마 되지 않았을 때다. 갑자기 좌측 30m쯤 떨어진 지점에, 'POLICE'라고 쓰인 배 한 척이 요란한 엔진 소리를 내며 급하게 들이닥쳤다. 곧이어 잠수복을 입고 산소통을 둘러멘 건장한 남자들이 물속으로 쉼 없이 들락거렸다. 방금 내려온 언덕 중턱쯤 편편한 곳에는 언제 나타났는지 정복 차림의 경찰 한 명이 아래를 내려다보고 있었다. 잠수부들이 한참 물속을 들쑤시더니 사람 시체로 추정되는 시커먼 물체를 건져서 배에 실었다. 뭍에서 지켜보던 경찰이 OK라는 수신호를 하자 배는 한 치의 미련도 없이 쌩하니 떠나 버렸다. 위에 서 있던 경찰도 곧장 철수하고, 나만 그 적막한 갯바위에 덩그러니 남게 되었다.

몰아치는 공포감에 더 이상 낚시를 할 수 없어 재빨리 장비를 접고 일어섰다. 떠나기 전 평소처럼 바다를 무심코 쳐다봤다. 순간 무어라 형언할 수 없는 이상한 기운이 감돌더니 수면 바로 밑으로 사람 얼굴 형상을 한 희뿌연 발광체가 유유히 헤엄쳐 가는 게 아닌가? '아 뜨거라!' 싶어 부리나케 언덕을 기어 올라갔다.

설렁한 이야기를 경황없이 하다 보니 더위를 반쯤 잊었다. 내일은 뜨끈한 삼계탕으로 나머지 무더위를 마저 날려야겠다.

별의 노래

유려한 선율이 흐른다. 프랑크 퍼셀의 'Merci Cherie(메르시 세리)'이다. 이 곡을 시그널 뮤직으로 쓰고 있는 라디오 방송 〈별이 빛나는 밤에〉는 1970~80년대의 젊은이라면 안 들어 본 사람이 없을 정도로 인기가 있었다. 별과 밤의 조합이 이루어 낸 감미로운 시간에 잔잔한 음악까지 곁들이면 방황하던 영혼은 곧장 평온을 되찾는다.

요즘 도시에서는 날이 맑아도 별 보기가 어렵다. 매연 등으로 가시거리가 짧아 먼 별들이 흐려지는 현상 때문이라 한다. 어쩌다 도심을 벗어나 별이 빼곡히 들어찬 밤하늘을 대하면, 큰곰자리, 오리온자리, 카시오페이아자리 등 수많은 별자리를 헤아리던 때가 생각난다.

어릴 적 살던 집, 콘크리트로 된 2층 마당은 사방이 탁 트여 바람이 막힐 데가 없었다. 그런 연유로 여름에는 마당에서 잠자는 경우가 많았다. 한쪽 귀퉁이에 마른 쑥 등으로 모깃불을 피워 놓고 멍석을 깔고 누우면, 반짝거리는 보석으로 촘촘히 수놓아진 밤하늘, 시커먼 윤곽을 그리는 뒷산 줄기의 아늑함으로 내 공상의 나래는 끝도 없이 하느작거렸다.

  밤하늘이 연출하는 장관은 이루 말로 표현할 수 없었다. 어떤 때는 별들이 누워 있는 몸 위로 한꺼번에 화르르 쏟아져 내려 어지럼증을 느끼게도 하고, 별똥별 여러 개가 밤하늘을 쏜살같이 가로질러 화려한 불꽃놀이를 선보이기도 하고, 구름 띠 형상을 한 은하수는 심연 같은 미지의 세계를 어렴풋이 암시하기도 했다. 무엇보다도 기억에 남는 것은, 우리가 붙인 일명 똥바가지별인 북두칠성이 밤하늘의 등대 역할을 하며 온갖 망상 속으로 빠져든 나를 안전하게 꿈나라로 인도한 것이리라.

  별이 뜬 밤은 화가나 음악가들에게 필생의 걸작을 만들 영감을 주기도 한다. 반 고흐는 아를에 있는 '노란 집'에서 폴 고갱과 몇 주간 함께 작업을 했으나 예술관의 차이를 좁힐 수 없었다. 결국 사이가 최악의 상황으로 치달아 고흐가 자기 귀를 자르고, 고갱은 떠나 버린다. 이 사건 후, 신경쇠약 증세와 정신적 한계에 시달리던 반 고흐는 생 레미에 있는 정신병원에 자발적으로 찾아가 1년간 머물면서 치료와 작품 활동을 이어 간다. 그때의 정신적 고통을 소용돌이로 묘사한 작품이 그 유명한 〈별이 빛나는 밤(The Starry Night)〉이다.

훗날, 가수 돈 맥클린은 'Vincent(Starry Starry Night)'란 노래로 그의 영혼을 위로했다.

이제 알 것 같아요
당신이 내게 무엇을 말하려 했는지
그 영혼이 얼마나 고통스러웠을지
그것들을 자유롭게 하기 위해 얼마나 노력했는지

가난한 고흐에게 가장 필요했던 건 돈이 아니라 영혼의 자유였다.
내가 사회에 첫발을 내디딘 시절에도 별은 함께했다. 당시 남포동에는 '별들의 고향'이라는 유명한 음악 주점이 있었다. 그곳은 그 시절 부산의 청년 문화를 견인하던 장소였다. 어느 날 부서의 젊은 남녀 직원들과 단체로 들르게 되었다. 내가 신청한 스모키의 'Living Next Door to Alice'는 집에서 엘피판으로 즐겨 듣던 곡으로, 24년간 이웃으로 살면서 기회가 오기를 기다렸는데 그녀는 떠나갔다는 내용이다. 그때 '별들'에서 디스크자키의 구수한 음성으로 곡 소개를 듣던 이들은 사랑하는 사람을 떠나보내지 않고 알콩달콩 잘들 살고 있는지….

별에 대한 추억거리에는 이런 사연도 있다. 회사에 다닐 때 나는 총각회 회장이었다. 그것은 사내 떠꺼머리총각 중에서 나이가 제일 많아서 써야 했던 불명예스러운 감투였다. 재임(?) 기간 중 크리스마스를 기해 직장 미혼 남녀들 숫자를 맞춰 객지 생활을 하는 직원들의 하숙집에서 올나이트를 했다.

그날 미리 짜 놓은 일정표에 따라 짝짓기 게임을 시작했다. 방바닥에 던져진 여러 개의 쪽지 중에서 먼저 '이수일'이 된 나는 '심순애'를 집어 든 기관장실의 K 양과 파트너가 되었다. 2시간 정도 주어진 자유 시간에 용두산공원으로 데이트를 나갔다. 공원은 불꽃축제가 예고되어 청춘 남녀들로 발 디딜 틈이 없었다. 내성적이라 소심하게 쭈뼛거리던 순간, "와자자작!" 하는 밤하늘의 까만 액정이 깨지는 소리와 함께 화려한 불꽃들이 머리 위로 팝콘처럼 터졌다. 크고 작은 원들이 반 고흐의 별처럼 소용돌이를 쳤다. 한껏 들뜬 우리는 환호하는 인파 속에서 자연스럽게 서로의 손을 잡았다. 만약 같이 간 직원들이 없었더라면 새로운 역사가 써졌으리라.

이런 특별한 순간의 이야기는 신화에도 있다. 그리스 로마 신화에서 카이로스Kairos는 기회의 신으로 불린다. 신은 앞머리는 길지만 후두부는 벗겨져 있어 뒤로는 잡을 수 없다. 우리는 그 신이 찾아왔을 때 뒷머리를 보지 않기 위해 끊임없이 단련하고 깨어 있으려 노력한다.

정치권에서 널리 회자되는 말에 '별의 순간'이 있다. 독일어인 '슈테른슈툰데Sternstunde'에서 비롯된 용어로 미래를 결정하는 운명의 순간을 뜻하는 은유로 쓰인다. 1927년에 오스트리아의 소설가인 슈테반 츠바이크가 발표한 베스트셀러 《인류의 별의 순간》

을 통해 널리 알려졌다. 츠바이크는 서문에서 "운명적인 순간이 닥치면 하루, 한 시간, 심지어는 단 일 분 만에 훗날을 좌우하는 결정을 내려야 한다."라고 별의 순간을 정의하고 있다.

그렇다면 내가 놓친 운명의 순간은 언제일까? 언뜻 한순간이 떠오르기는 하지만 이제 와서 후회한들 무슨 소용이 있으랴. 이 삶도 주어진 조건에서 나름 최선을 다해 잡은 별의 순간일진대….

오늘은 나도 추억 속의 '별밤지기'가 되어 저 하늘 고운 별이 된 빈센트의 'Starry Starry Night'를 틀어 놓고, 그의 영혼의 세계에 흠뻑 빠져 볼까 한다.

지렁 애사 哀詞

날씨가 끄무레한 날 아침, 아파트 뒷산 오솔길로 걷기 운동을 나갔다. 추석 음식으로 몸무게가 늘어난 것 같아 작정하고 나선 길이다. 좁은 소로에는 희붐한 새벽부터 몰려온 사람들로 북새통이다.

걷다 보니 지렁이들이 사람들의 발에 밟혀 곳곳에 뭉텅이로 뭉그러져 있다. 오랫동안 이 길을 걸었지만, 이런 처참한 광경은 처음이다. 아직도 곳곳에서 끊임없이 기어 나오고 있다. 건강에 좋다고 맨발로 걷는 사람도 많은데 이 일을 어찌할 거나? 얼른 나뭇가지를 하나 주워 부지런히 숲으로 돌려보낸다. 곁을 스치던 아주머니가 "비가 오려고 그러나 보다."라며 안타까워한다.

지렁이는 고리 모양의 마디를 가진 환형동물環形動物이다. 수명은 3~4년으로 알려져 있으며, 몸길이는 5~10㎝ 정도에서 큰 것은 3m에 달하는 것도 있다. 곤충의 사체, 낙엽 등 유기물을 땅속 서식지로 운반해 흙과 함께 섭취한다. 먹이를 운반하는 과정에서 땅 위의 유기물은 땅속으로, 땅속의 물질은 땅 밖으로 순환하게 된다. 이 같은 특성 때문에 농사가 잘되는 비옥한 땅에는 지렁이가 많다. 오솔길에 지렁이가 많이 쏟아져 나온 이유도 근래 길옆에 새로 조성한 화단 때문이리라.

일전에 이어령 교수의 유고집《땅속의 용이 울 때》를 읽은 적이 있다. 책은 박완서 작가의 단편소설〈지렁이 울음소리〉를 거론하며, '과학적으로 발성기관도 조음기관도 없는 지렁이는 소리를 내지 못한다. 그것은 사실 땅강아지 울음소리'라고 단호하게 이야기했다. 지렁이는 정말 울지 않을까?

어릴 때 살던 집 언덕 아래에는 생활하수가 흐르는 개골창이 있었다. 한 날은 아버지가 낚시를 간다고 지렁이를 잡아 오라고 시켰다. 팔각 성냥갑 통에 한가득 잡아 오면 용돈을 넉넉히 준다고 했다. 쥐꼬리도 잘라서 학교에 가져가던 시절에 지렁이 따위를 잡는 것은 일도 아니다. 시큼한 도랑 가를 파다가 영판 귀뚜라미를 닮은 땅강아지를 만났다. 잡아서 손바닥에 올려놓으니, 갈퀴처럼 생긴 앞발로 손가락을 헤집는 모습이 얼마나 앙증맞던지. 조금 가지고 놀다가 돌려보내고, 본연의 지렁이 잡기에 열중했다. 그때는 지렁이 사는 곳에 뜬금없이 땅강아지가 나왔어도 아무런 의심 없이 당연한 듯 받아들였다.

지렁이는 지룡地龍, 토룡土龍, 부인附蚓, 가녀歌女 등으로 불린다. 조선 순조 24년에 한글 학자 유희가 쓴 《물명고物名考》에는 지룡 항목에 여러 가지 한자 이름을 나열하고, 예나 지금이나 지렁이는 길게 울고 있다고 여겨 '가녀'라는 명칭이 있다고 하였다. 지렁이는 한 몸에 암수를 동시에 가졌으니, 남존여비 시절의 조선조 학자답게 우는 소리는 수컷이 아닌 암컷이 내는 소리라고 한 모양이다.

과연 지렁이와 땅강아지 중 어느 미물이 우는지를 확인하기 위해 인터넷에 떠도는 소리를 들어 봤다. 지렁이 울음소리는 '지~잉' 하며 마치 고압선 밑을 지나다 보면 들리는 소리나 귓속의 이명 소리와 흡사하다. 또한 땅강아지 울음소리라고 해서 들어 보니 지렁이 울음소리 그대로다. 녹음한 사람도 지렁이 울음소리라 해 놓고 괄호 속에 땅강아지 울음소리라고 병기해 놓은 걸 보면, 둘 중 하나인 것은 분명한데 어느 게 맞는지는 확신이 안 서는 모양새다.

답답한 마음에 이것저것 검색하다 '섬진강 시인'이 오래전 어느 일간지에 등재한 글 〈아, 지렁이가 운다니까요〉를 보게 됐다. 내용인즉슨, 시인이 친구들과 산행 후 시골집에 모였다가 어릴 때부터 어른들이 말해 왔던 지렁이 울음소리를 듣는다. 시인이 '지렁이가 운다'라고 하자 '어떻게 지렁이가 울어!'라며 집단으로 성토를 당한다. 결말은 같은 자리에 있었던 철학과 교수가 2주 후 만난 산행길에서 생물학 박사인 모 교수에게서 들은 말이라며 '세계적으로 250여 종의 지렁이가 있는데 그중에서 160여 종이 운다'라고 하는 걸로 명예를 회복한다는 이야기다.

한데, 시인이 어렵게 회복한 명예가 십수 년 후 같은 인터넷 일간지에 실린 영상으로 여지없이 무너졌다. 재생 화면에는 모 연구소 소장이 문제의 소리가 나는 땅을 파헤치는 장면이 나온다. 이어서 커다란 지렁이를 끄집어내고, 그곳에서 잽싸게 도망치는 땅강아지를 끝까지 추적해서 잡는다. 지렁이는 귀가 없어 듣지도 소리도 내지 못하지만, 땅강아지는 앞날개 마찰판과 톱날 줄을 긁어서 소리를 내므로 울음의 임자임이 확실하다. 땅강아지는 지렁이를 주식으로 한다. 땅강아지가 지렁이 서식지에서 밥상을 차려 놓고 짝을 찾는 소리를 옛날 어른들은 지렁이 울음소리로 들은 것이다.

그날 늦은 오후에 촉촉이 비가 내렸다. 다음 날 오솔길로 나서니 전날의 광경이 재현되고 있다. 나뭇가지로 지렁이를 숲으로 돌려보내고 있는데, 어제는 무관심하게 걷던 이들이 너도나도 작업에 동참한다. 오솔길이 순식간에 깨끗한 황토색으로 변했다. 맨발로 움츠리며 걷던 사람들도 이제야 활개를 친다.

지룡! 비록 소리를 내어 울지는 못하지만, 이리저리 치인 설움에 온몸으로 흐느끼고 있는지도 모른다. 같은 아픔을 겪는 인간들이 함부로 밟아서는 안 되는 이유이기도 하다.

억새의 손짓

나이 든 남자도 가을 타는가? 점점 멀어져 가는 하늘과 허공을 가르는 낙엽에도 가슴이 먹먹해 온다. 일조량의 감소로 호르몬 분비량이 줄어들면서 나타나는 계절성 우울증이 찾아온 모양새다. 그래선지 무작정 길을 떠나는 나그네가 되고 싶어진다.

내가 사는 아파트 뒤로는 시약산, 구덕산, 승학산 등 엇비슷한 높이의 산들로 길게 띠를 이룬다. 이 중 서쪽에 있는 승학산은 부산의 명소 중 하나다. 매년 억새 군락이 햇빛에 반짝일 때면, 승학산은 가을 트레킹의 필수 코스로 자리한다. 내가 현직에 있을 때는 직장에서 개최하는 가을 야유회 장소로 두 번이나 선정된 적도 있다. 그때는 그럴 만한 자격을 갖춘 곳이었다.

옛 추억에 마음이 동하여 모처럼 승학산 억새 산행을 나섰다. 평소에는 길 중간쯤의 '한샘 약수터'까지가 내가 즐겨 찾는 최애 코스다. 가파른 산길을 쉬엄쉬엄 한 시간쯤 오르니 기상관측소를 이고 있는 시약산 초입의 '자갈마당'에 이른다. 깔딱고개처럼 힘든 시약산은 눈으로 일별하고, 구덕산 허리에 난 임도를 따라 20분쯤 더 가면 대신동 꽃마을로 가는 갈림길이 나온다. 이미 가는 곳을 정했으니 걸음에 거침이 없다. 길가에 선 벚나무 단풍이 발그스레 새색시 볼을 하고, 드문드문 설익은 억새도 앳된 산골 처녀처럼 수줍게 서 있다.

걸음을 재촉하여 승학산 억새 평원 동쪽의 계단을 오르니, 아뿔싸! 이게 웬일인가? 수년째 칡넝쿨로 시달린 억새밭을 마치 내가 오기만을 기다렸다는 듯 중장비까지 동원하여 온통 갈아엎고 있는 게 아닌가. 억새는 간곳없고 풀 벤 자리에 민둥산만 허옇게 드러나 있다. 허탈감으로 다리에 힘이 쭉 빠진다. 이곳의 억새도 그때 그곳, 전방의 억새처럼 당분간 추억의 장소로 남으려나 보다.

반세기도 전, 서부전선 최전방에서 군 복무를 할 때였다. 휴전선에 가을이 오면, 철책선 안의 비무장지대는 허리 높이의 억새와 잡목만 무성한 분지로 변한다. 숲이 울창하지 못한 것은 사주 경계를 위해 쌍방 간에 불을 놓아서 빚어진 현상이라고 했다. 땅이 얼었다 녹는 봄이면 간혹 노루가 지뢰를 밟아 폭사하는 굉음 말고는 고향의 들판같이 아늑하고 평온한 곳이다.

우리 소대는 각각 떨어진 벙커 두 곳에서 2개 분대씩 나누어 생활했다. 소대장이 거처하는 벙커 위에는 낮에도 초병이 근무하는 중앙 초소가 있었다. 산마루에 위치하여 양 골짜기로 늘어진 소대

경계 구역은 물론, 저 멀리 군사분계선 너머까지도 시야에 들었다. 반복된 일상에 지친 초병들은 지루한 정적에 넋 놓고 있을 때가 많았다. 그러다가 장끼들이 제풀에 놀라 후드득거리거나, 노루가 무언가에 쫓겨 철책선을 냅다 들이받으면 그제야 화들짝 정신을 추스르곤 했다.

　이런 무료함이 깨진 사건은 중고참 상병이 초소에서 주간 근무를 할 때에 일어났다. 해가 서산에 걸릴 무렵, 초소 앞 능선 50m 지점에 정체불명의 1인이 나타나 귀순 의사를 나타내듯 손을 흔들고 있다는 상황 보고가 급박하게 올라왔다. 우리는 사태를 확인하기 위해 긴급히 중앙 초소로 올라갔다. 하지만 내 눈에는 초소 앞을 따라 죽 뻗어 간 능선에 낮은 떡갈나무와 하얀 억새가 서 있는 풍경이 평소 보던 바와 크게 다르지 않았다. 해가 기울고 어둠이 짙게 드리우자, 중대 본부에서 현장을 확인하라는 명령이 전격적으로 떨어졌다.

　철책선 안 비무장지대는 겉보기와 달리 막상 발을 들여놓으면 느낌부터가 싸하다. 미처 파악하지 못한 지뢰가 파묻혔을 수도 있고, 적이 출몰하여 언제 가슴에 총부리를 겨눌지도 모를 살벌한 기운이 감도는 곳이다. 소대에 비치된 대형 탐조등을 능선 방향으로 비춘 뒤 소대장이 보관하고 있는 비상 열쇠로 작은 철문을 따고 들어갔다. 나는 기관총 사수로서 탄약수와 함께 낮은 자세로 선두에 섰다. 소대원들이 어둠 속에서 능선을 수색하는 동안 적당한 위치에 기관총을 거치하고 사격 자세를 취했다. 숨 막히는 긴장감으로 등골에는 식은땀이 줄줄 흘러내렸다.

한참 이곳저곳을 들쑤시다 어떤 단서도 찾지 못하고 철수를 결정했다. 이 와중에도 전역을 얼마 남기지 않은 고참병은 더덕 냄새가 진동한다며 주변을 수색하여 수십 년 된 더덕 뿌리를 하나 캐서 나왔다. 더덕을 손에 들고 산삼보다 더 귀하다고 내무반장에게 약 올리듯 너스레를 떠는 모습에 바짝 긴장했던 마음이 한순간에 풀어졌다. 군대의 짬밥 그릇 수가 찬연히 빛을 발하는 순간이었다.

며칠 후 손을 흔드는 병사를 봤다는 상병은 모범 근무자로 선정되어 포상 휴가를 떠났다. '혹시 나도?' 하는 기대감에 눈을 잔뜩 부릅뜬 우리는 능선에 하늘거리는 억새에도 긴가민가하여 고개를 갸웃거렸다. 나중에 휴가에서 귀대한 그가 눈이 침침하다며 안경을 쓰고 나타났을 때는 나머지 병사들의 당혹감은 극에 달했다.

귀순 병사가 우리 눈앞에서 완전히 사라진 것은 그로부터 한 달쯤 지나서였다. 상황은 대대장이 참관하는 '적 진지 탈환 작전' 시범 중에 발생했다. 중대 선임하사가 훈련의 시작과 동시에 가상의 적 벙커 앞으로 훈련용 총유탄을 날리자, 화염이 잠깐 풀썩이다가 사그라졌다. 잠시 후 주위에 있던 누런 억새에서 조그맣게 빨간 불씨가 보이더니 때마침 불어친 돌풍에 인력으로는 도저히 감당할 수 없는 큰불로 번졌다.

불은 우리 쪽 산야를 실컷 유린하고 짚으로 이은 초소 지붕을 깡그리 태운 후, 철책을 훌쩍 넘어 북으로 맹렬히 돌진했다. 비무장지대의 잡목들을 태우고, 매설된 지뢰를 터뜨리고, 앞을 막아서는 것은 모조리 초토화하고 지나갔다. 우리가 할 수 있는 일은 다급하게 와글거리는 짐승들의 외마디 소리를 들으며 참 안됐다는 동정 어린 생각을 하는 것밖엔 없었다.

저녁 늦게 근무에 투입된 우리는 지붕에 판초 우의를 씌운 초소에서 매캐한 연기를 맡으며 눈물, 콧물을 쉼 없이 흘렸다. 밤이 깊어질수록 점점 서북 방향으로 번져 간 불길은 적의 진지로 추정되는 곳 앞에 일렬횡대로 멈춰 서서 밤새도록 불야성을 이루었다. 그 일이 있고 난 뒤부터 능선 위에서 매일 손을 흔들던 귀순 병사는 간들거리는 억새와 함께 어디론가 떠나고 없었다.

다시 길을 재촉하여 '억새노을전망대' 일대의 단풍 든 철쭉 단지를 지난다. 연이어 경사가 심한 나무 데크 deck의 계단을 올라, 온통 바위투성이인 능선을 통과하여 사통팔달의 승학산 정상 표지석 앞에서 땀을 식힌다. 표지석 앞면에는 해발 497m라는 높이가 새겨져 있다. 뒷면을 보니 "고려 말 무학대사가 전국을 다니며 산세를 살피다가 이곳에 이르러 산을 보니 '산세가 준엄하고 기세가 높아 마치 학이 힘차게 날아오르는 형상'이라 하여 '승학산乘鶴山'이라 부르게 되었다."라고 유래를 새겨 놓았다.

남서로 눈을 돌려 낙동강 하구 쪽을 바라본다. 강물과 바다가 만나는 연안에는 모래톱들이 여럿 누워 있다. 길게 눈썹 모양을 한 모래톱은 제법 섬의 형태를 띠고 있다. 변함없이 유유히 흐르는 강물은 한때 독성 녹조가 창궐하여 다대포 해수욕장까지 폐쇄를 불러왔었다. 시민들의 젖줄인 낙동강이 이 지경에 이르렀으니….

　저 억새 평원도 마찬가지다. 예산 사정 등 여러 어려움은 있겠지만, 진즉에 손을 썼으면 하는 아쉬운 마음이 드는 건 어쩔 수 없다. 조상에게 물려받은 금쪽같은 유산을 후손들에게 제대로 물려줘야 하는 게 현재를 살아가는 우리들의 책무가 아닌가?

　승학산 정상에서 한참을 거친 속살이 드러난 억새 평원을 바라보다가 허허로운 가슴을 안고 귀환 길에 올랐다. 이 민둥산에 다시 억새가 간들거리기까지는 적지 않은 시간을 인내하여야 하리라. 비록 이곳은 베어지고 없지만, 그때 전방에서 봤던 억새는 다시 귀순병이 되어 손을 폼 나게 흔들고 있을지도 모른다.

　추억 속의 손짓이 난데없이 그리워지는 계절이다.

눈의 연가

연 닷새째 한파가 몰아치고 있다. 부산은 한때 영하 12도에 체감온도가 영하 20도까지 내려갔다. 지구온난화로 북극의 찬 공기가 한반도로 밀려오면서 나타나는 현상이라고 한다. 중부지방은 최강 추위에 이어 대설 특보까지 내려졌다.

부산은 폭설과는 무관한 도시이다. 겨울철 평균 기온이 영상 3도 이상이어서 좀처럼 눈을 보기 힘들다. 자료를 찾아보니 최근에 눈이 가장 많이 내린 날이 2011년 2월 14일로 되어 있다. 그때의 적설량이 7㎝이다. 얼마 되지 않은 양으로 상당수 도로와 터널이 통제되고, 활주로가 얼어붙어 항공기 결항이 속출했다고 한다. 가파른 산복도로가 많은 지형과 폭설에 대한 경험이 없어 대비가 제대로 되지 않은 게 주원인이다. 그 이후로는 2013년 12월에 0.3㎝, 2014년 2월에 0.2㎝의 눈이 쌓였다고 하니 거의 10년째 눈이 오지 않은 셈이다.

내가 어릴 때는 부산에도 눈이 참 많이 왔었다. 아침에 일어나면 밤새 사부자기 내린 눈으로 온 동네가 새하얗게 변해 있었다. 지대가 높은 우리 집 대청마루에서 아랫동네를 내려다보면 눈을 덮어쓴 지붕의 모양이 각양각색이었다. 양철, 기와, 슬래브 지붕이 빚어내는 정사각형, 직사각형에 간혹 마름모꼴도 눈에 띄었지만, 개중 가운데가 볼록하니 솟은 동그란 초가지붕이 제일 예뻤다. 누가 나오기 전에 얼른 마당으로 나가 이리저리 발자국 도장을 찍기도 하고, 장독대 위에 쌓인 눈도 한 움큼 집어 맛을 보기도 했다.

집 앞 골목의 눈을 빗자루로 쓸어 치우는 것은 아이들 몫이었다. 그렇게 모인 눈으로 눈사람을 만들고, 편을 갈라 눈싸움도 했다. 눈을 만지느라 손이 새빨갛게 변해도 어린 눈망울에는 순백의 기쁨으로 가득했었다.

장성하여 서부전선 최전방에서 군 복무를 할 때는 눈은 골칫덩이의 대명사였다. 한번 시작하면 감당이 안 될 정도로 엄청나게 쏟아졌다. 지휘관들은 도로가 얼어붙어 차량이 다니지 못하면 식량과 탄약이 보급되지 않아 전투력을 완전히 상실한다는 이유로 눈 치우기에 혈안이 되었다. 눈만 뜨면 솜뭉치를 흩뿌리듯이 퍼붓는 눈과 총성 없는 전쟁을 벌였다. 그런 와중에도 병사들은 잠시 손이 빨갛던 어린 시절로 돌아갈 수 있었으니, 군대에서 경험하는 몇 안 되는 특별한 낭만이었다.

내 인생에서 눈에 대한 기억이 가장 강렬하게 각인된 일은 신혼

초에 일어났다. 그 시절 기준으로는 아주 늦은, 서른한 살이 되기 바로 직전에 장가를 들었으니 1984년 1월 초쯤이지 싶다. 아직 전철이 놓이지 않아 다들 버스로 출퇴근할 무렵이었다.

아침부터 새꼬롬하던 날씨가 오후에 접어들자 따문따문 솜털 같은 눈송이를 흩날리기 시작했다. 부드럽게 마음속을 파고드는 눈 탓인지 센티한 감성에 젖어 집에 두고 온 각시가 유난히 보고 싶었다. 시계만 바라보다 퇴근 시간이 되자마자 부리나케 버스를 타고 집으로 향했다. 마침 앞이 보이지 않을 정도로 굵어진 눈발로 온천지가 새하얀 설국으로 변해 가고 있었다.

부산터널을 지나서부터 거북이걸음을 하던 버스가 대티터널 앞 경사로에 접어들자 연신 헛바퀴를 돌렸다. 설상가상으로 뒤따르던 차들끼리도 얽히고설켜 터널 앞은 순식간에 아수라장으로 변했다. 한참 동안 발을 동동거리다 하나둘 흩어지는 승객을 따라 버스에서 내려 걷기 시작했다. 터널을 통과하여 두 정거장 거리의 괴정동 뒷골목 신혼집을 찾아가는데 엉덩방아를 얼마나 찧었던지. 천신만고 끝에 마중 나온 아내와 마주했을 때의 벅찬 감정이란, 마치 온 세상을 다 가진 듯 행복에 겨웠었다.

그해 눈과 함께 축복처럼 우리 곁으로 온 아들은 벌써 불혹의 나이로 접어들었다. 큰애 이후로도 고운 정이 새록새록 쌓여 딸 하나를 더 두었다. 그간 아내는 눈가에 잔주름이 자글자글하고, 나는 머리숲이 휑한 노인으로 변했다.

아내는 지금 손자를 돌보기 위해 멀리 딸네 집에 가 있다. 저녁이면 한파가 몰아치는 이 추운 날씨에 어린이집에서 놀고 있는 손자를 하원시키러 갈 것이다. 운전할 줄 모르니, 가깝지 않은 거리를 도보로 가서 다시 택시를 타고 딸 집으로 가야 한다. 얼마나 추울까? 그래도 신혼 초 아내를 보고파 했던 나처럼 커 가는 손자를 보는 설렘으로 손을 호호 불면서 가겠지.

춥다고 집에만 틀어박혀 지내다 보니 다리 근육이 쪼그라드는 기분이다. 마냥 움츠리고만 있을 수 없어 옷차림을 단단히 하고 뒷산 오솔길에 운동하러 나섰다. 부산은 바람만 불지 않으면 그런대로 견딜 만하다. 햇볕이 드는 곳은 제법 훈기가 돈다. 운동을 마치고 내려오는데 아파트 뒷담 울타리에 개나리가 노란 꽃을 몇 송이 피워 삐죽이 고개를 내밀고 있다. 이 추위에 철없는 꽃이라니? 하기야 며칠 전에는 회사 퇴직 선배가 양산 통도사 홍매화 개화 소식을 전해 오기도 했다.

가만히 생각하니 춥고 을씨년스러운 겨울이 있기에 봄은 따뜻하고 봄꽃은 화사하게 느껴지는 게 아닌가? 죽음이 있어 소중한 우리의 삶도 마찬가지다. 늙었다고 넋 놓고 허투루 보내서는 안 된다. 하루하루를 감사히, 더 열심히 살아야겠다.

한파와 눈 이야기를 하다 보니 하늘은 눈 올 기미가 없지만, 가슴속에서는 굵은 함박눈이 펑펑 내리기 시작한다. 신혼 초의 그 묘한 열기와 정념을 담고.

제2부
신병 인수

변화의 시작

부산 지킴이

망우가亡友歌

신병 인수

비사祕事

설밑 하루

꽃나무 연상聯想

천진불

불면의 새벽

변화의 시작

TV 드라마에 한참 열중해 있는데, 얄밉게도 광고가 불쑥 끼어든다. 유명 배우가 "레시피는 진짜 과학이야."와 같은 뜬금없는 소리를 하더니, "근데 이 말은 어디서 시작된 거지?"라는 대사로 분위기를 일시에 반전시킨다. 찰나 간에 '아!' 하며, 강하게 소환되는 것이 있다. 광고도 아마 그걸 노렸으리라. 그렇다면 내가 세월 속에 묻어 버린 건 어떤 것들이 있을까?

나는 어릴 적 소문난 울보였다. 동네에서 친구들과 놀다가도 끝에는 꼭 얻어터지고 울면서 집에 오는 게 일과였다. 그러면 어머니가 쫓아 나가서 동네 아이를 대신 혼내 주거나, 나를 살살 달래던 게 일상이었다.

그날도 어김없이 또래 아이에게 얻어터지고, 무슨 큰 공을 세운 개선장군처럼 "엉엉" 울면서 귀환하고 있었다. 그런데 마루에서 '다듬이질'하던 어머니가 댓바람에 '흰 고무신'을 집어서 냅다 던지더니, '빗자루'를 들고 맨발 바람으로 부리나케 쫓아오는 게 아닌가. 나는 깜짝 놀라 대문 밖으로 잽싸게 줄행랑을 쳤다.

"이놈의 자식, 다시 울고 오기만 해 봐라. 다리몽둥이를 확 분질러 버릴 거다."

대문에 떡하니 버티고 선 어머니는 정말 다리를 절단이나 낼 것처럼 서슬이 시퍼렜다. 나는 그날 이후로 밖에서 얻어터져도 절대로 울면서 집에 오지 않았다. 나중에는 오기가 생겨서 골목대장에게 제대로 엉겨 붙어 이겼으니, 어머니는 그랬다.

여기서 나를 독하게 만든 것 중 하나인 '고무신'에 대해서 알아보자. 우리는 어릴 때 검정 고무신을 주로 신었다. 지금도 잊히지 않는 추억의 그 이름, '말표' 고무신이다. 폐타이어를 활용하여 제작했으니, 값도 저렴하고 질겼다. 고무신을 신고 다방구나 술래잡기, 공차기 등을 하면 어떻게 될까? 땀이 차서 미끈거리고, 결국엔 홀라당 벗겨져서 맨발이 된다. 우리는 '맨발의 마라토너 아베베'처럼 그냥 천둥벌거숭이로 살았다. 요즘 산책길에 아주머니들이 건강관리를 위해 맨발로 걷는 모습을 보면 신발 벗고 고무줄놀이하던 여자애들이 겹쳐 보인다. 하기야 이 세상에 올 때를 생각하면 맨발로 걷는 게 가장 자연스러울지도 모른다.

고무신이 그새 기능성 운동화나 가죽 신발로 바뀌었지만, 그런 변화의 과정에는 얼마나 많은 고통과 눈물이 수반되었던가. 나라 경제가 1차 산업에서 2차 산업으로 넘어갈 즈음에, 부산은 노동

집약산업인 신발 관련 업체들이 유독 많았다. 신발 공장이 하나 들어서면, 주변에는 밑창과 운동화 끈 등 신발 부품을 만드는 가내 공장들이 우후죽순처럼 생겨났다. 큰 업체에는 2만 명에 가까운 종업원들이 복작거렸고, 개중에는 한창 배울 나이의 앳된 10대 여공들이 태반이었다. 거기에 근무하던 내 누님 또래의 희생을 빼고는 오늘날의 번영을 설명할 수가 없다. 덕분에 우리는 보릿고개를 잊고 사는데, 그들은 여생을 어떻게 보내고 있는지?

무엇보다도 여자의 일생을 획기적으로 바꿔 놓은 것은 세탁기의 등장이라 하겠다. 옛날에는 식구가 보통 예닐곱은 되었으니, 그들이 벗어 놓는 빨랫감도 엄청났다. 연이틀만 거르면 더러워진 옷들이 산더미처럼 쌓여서, 부인네들은 하루가 멀다고 손빨래를 해 댔다. 빨래터는 우리들이 철 따라 헤엄치고, 가재도 잡고, 썰매를 지치던 개천이다. 세탁할 옷들이 꽁꽁 얼어붙는 추운 겨울날에, 사각 방망이로 탁탁 두드리며 빨래하던 어머니를 상상해 보라. 얼마나 손이 시리고, 아렸겠나. 빨랫감은 주로 광목으로 된 옷가지와 이불류들이었으니, 그 뒤처리 또한 보통 성가신 게 아니었다.

물빨래하고 삶고 풀 먹이고 이래저래 하다 보면, 거의 밤늦게 '다듬이질'하는 경우가 많았다. 이불 홑청 같은 큰 세탁물은 서로 당겨서 착착 접고, 보에 싸서 화강석으로 된 다듬잇돌 위에 메로 치는 떡밥처럼 올려놓는다. 여자들 둘이 마주 앉아서 힘차게 방망이질을 해 대면, 한쪽에서 "똑딱", 다른 쪽에선 "띡똑", 연속해서 들으면 "똑딱, 띡똑, 똑딱, 띡똑" 소리로, 리듬의 조화가 절묘하게 이루어졌다. 어두운 밤의 난타 퍼포먼스는 고단한 살림살이에 지친 여인네들의 화풀이 한마당이었다. 그 소리는 우리가 어른이 되어 술집에서 젓가락 장단을 맞출 때 은연중 재현되었다.

그날 어머니가 나를 혼내려고 들고 온 '빗자루'는 두 종류가 있다. 방 빗자루와 마당 빗자루가 그것이다. 방 빗자루는 보통 갈대를 엮은 고급스러운 것을 썼다. 비싼 탓에 비가 몽땅해질 때까지 애용했다. 허드레로 쓰는 마당 빗자루는 대나 싸리로 엮은 긴 빗자루와 작달막한 수수 빗자루가 있다. 그날 어머니 손에 들린 것은 수수 빗자루였다. 사실 맞아도 별로 아프지 않다. 체벌용으로 쓰려면 학교에서 사용하던 자루가 나무로 된 나일론 빗자루 정도는 되어야 제격이다.

하루는 비혼 선언하고 독립해 나간 아들 집들이에 갔더니 방 청소를 로봇 청소기가 하고 있다. 가만히 놔둬도 저 혼자 알아서 구석구석 돌아다니며 청소를 해 댄다. 이처럼 우리가 알던 빗자루는 추억의 물건이 되어 가고 있다. 그나저나 나이 든 남자들이 편할 그런 물건은 발명이 안 될까? 이 소리를 아내 앞에서 하다가는 호강이 넘쳐 난다고 된통 타박을 들을 게 뻔하다. 이게 거스를 수 없는 남자들의 현재 위상이다. 그래도 아내가 고생하던 어머니의 전철을 밟지 않아 참 다행이라 생각하며 산다.

사회 초년병 시절에 회사 인근에 싸고 맛 좋은 '할매 복국집'이

변화의 시작

있었다. 전날 술이 과했거나 서울에서 손님이 오면 모시고 가던 곳이다. 언제부턴가 근처에 유사 식당이 여럿 생기면서 '원조'라는 말이 덧붙었다. 맛은 그대론데 간판만 바뀐 셈이다. 우리의 삶에도 이런 예가 부지기수다. 본색은 그대론데 시절만 바뀌어 서서히 골동품이 되어 가는, 나와 같은 그런 것.

  모든 변화의 시작은 언제부터인지를 곰곰이 한번 따져 보자. 그런 추억의 시간을 갖다 보면, 현재의 삶이 더한층 고맙게 느껴질 것이다. 근데 이런 유의 말은 어디서 많이 듣던 소리 아닌가?

부산 지킴이

내가 태어나서 자란 곳은 부산이다. 장성하여 전방에서 군 복무할 때와 타지 발령으로 잠시 주말부부가 된 것 외에는 고향 땅을 온전히 벗어난 적이 없다. 서울에서 근무해야 할 일이 여러 차례 있었지만, 그때마다 이런저런 핑계를 대며 끈덕지게 눌러앉았다. 이런 연유로 아내도 '영도댁宅'을 만났고, 자식들도 하나같이 부산에서 직장 생활을 하고 있다. 무엇이 이토록 우직하게 스스로를 얽매이게 했을까?

직장 동료들과 한창 이곳저곳 찔락거리며 다닐 무렵이다. 하루는 서면 돼지국밥 골목에서 소주를 한잔하고, 소위 '푸짐한 집'으로 자리를 옮겨 맥주로 입가심할 때였다. 갑자기 옆 테이블의 점잖은 노신사 한 분이 벌떡 일어서더니, 숟가락을 마이크 삼아 '돌아오라 소렌토로(Torna a Surriento)'를 멋들어지게 부르는 게 아닌가? 박수갈채가 환호와 함께 터져 나올 정도로 절창이었다.

다음 행동이 더 압권이다. 좌중을 향해 정중하게 인사를 하고는 소란을 피워 죄송하다며 맥주 서너 병씩을 각 테이블에 돌린 것이다. 우리도 답례로 맥주를 보내기는 했지만, 차원이 다른 풍류에 고개가 저절로 수그러졌다. 이와 같이 도시 구석구석에 숨은 고수들이 많은 곳이 부산이다.

고향 자랑을 하다 보니, 결혼한 지 채 1년이 안 된 1984년 여름철이 떠오른다. 아내와 나는 결혼 후 첫 하계 휴가지로 통영 비진도를 택했다. 1박 2일 동안 남쪽 바다 파란 물에 해수욕도 하고 솔밭공원에 앉아서 지는 해를 바라보며 앞날을 설계했다. 그렇게 꿈같은 시간을 보내다가 다시 부산으로 귀환하는 선상에서였다.

승객을 가득 실은 3등 여객선은 금빛 저녁노을에 물든 바다 위를 통통거리며 나아갔다. 한참을 달려 하늘과 물색이 검푸르게 변할 즈음, 우리 부부는 갑갑한 선실에서 나와 갑판 위에 나란히 섰다. 머리 위로 빼곡히 들어찬 별과 스치는 바람과 뱃전의 은물결 소리에 취한 나는 아내를 위한 세레나데로 이태리 민요 한 곡조를 흥얼거리기 시작했다.

"창공에 빛난 별 물 위에 어리어 / 바람은 고요히 불어오누나 / … / 내 배는 살같이 바다를 지난다 / …."

한참 분위기를 잡고 있는데, 저 멀리 항구의 불빛 너머로 환상적인 정경이 눈에 비쳐 왔다. 바로 부산의 명물 산복도로와 다닥다닥 붙은 판자촌이 빚어내는 성대한 빛의 향연이었다. 시커먼 어둠

속에서 삐쳐나온 가로등과 수많은 전등 불빛이 마치 밤하늘에 반짝이는 별처럼 형형색색으로 깜빡거리며 우리를 반기고 있었다. 가 보지는 않았지만, 세계 3대 미항에 속한다는 나폴리가 전혀 부럽지 않았다. 단언컨대, 생애에 이 광경을 한 번이라도 본 사람은 부산을 결코 저버릴 수가 없을 것이다.

이처럼 부산은 남은 항구요, 동으로는 동해의 푸른 바다가 접해 있고, 서로는 낙동강이 유유히 흘러 삼면이 물로 에워싸여 있다. 또한 북에는 산들이 해안선을 따라 병풍처럼 둘러쳐져 있어, 전형적인 배산임수背山臨水의 형세를 갖췄다. 이런 사정으로 도시 곳곳을 연결할 때는 산을 뚫거나 바다 위로 다리를 놓았다. 어두운 터널을 통과하면 파도가 넘실대는 바다가 보이고, 그 바다 위를 차가 유유히 달려간다고 상상해 보라. 얼마나 운치 가득한 풍경인가? 이런 환경 덕분에 가황歌皇을 비롯한 유명 가수들을 여럿 배출하고, 부산을 소재로 한 노래가 무수히 발표되지 않았나 싶다.

부산은 해양성기후로 여름은 시원하고 겨울은 따뜻해서, 헐벗고 가난한 자도 그렁저렁 살아갈 수 있는 여건이다. 변두리 집값은 차치하고라도, 바닷가로 나가면 값싼 해산물이 넘쳐난다. 공직에 이력이 붙어 누가 찾아와도 술 한잔 사 줄 정도의 형편일 때, 서울 사는 입사 동기생 C가 부산에 출장 와서 대뜸 내뱉은 일성이 있다.

"형님, 다른 거는 필요 없고요, 자갈치에서 꼼장어에 소주 한잔만 사 주세요!"

이건 내가 인색해서가 아니다. 자갈치 아지매의 구수한 손맛을 대변하는 먹장어가 술안주로는 제격이기 때문이다.

이렇게 해물 안주와 찰떡궁합인 술 문화가 발달해서 그런지 부산은 다혈질이 많다. 대표적으로는, 야구를 관람하는 남자들의 태도가 그랬다. 한때 야구장에서 남자들은 야수나 마찬가지였다. 술에 만취하여 욕설은 기본이요, 오물을 투척해서 앞에 앉은 관중들은 날벼락 맞기 일쑤였다. 천만 관객을 동원한 〈해운대〉 영화 속에서 술에 대취한 설경구가 '조선의 4번 타자' 이대호 선수에게 욕을 질펀하게 내지르던 장면이 소위 부산 사나이들의 관전 행태였다. 지금이야 가족 단위로 건전한 응원 문화가 발달하여 비난의 대상이 되겠지만, 당시에는 좀 과한 애향심쯤으로 여겨져 너그럽게 웃어넘기곤 했었다.

잘난 자식 서울로 가고, 못난 자식 집 지킨다는 말이 있다. 명색이 해양 수도이자 대한민국 제2의 도시인 부산은 취업할 곳이 마땅찮다. 젊은이들은 대학교나 직장 따라 다 외지로 나가고 늙은이들만 덩그러니 남아 전국 광역지자체 중 고령화 속도가 제일 빠르다. 어떤 특별한 대책이 마련되지 않는다면, 현 상황을 자조적으로 비유하는 '노인과 바다'만 남는 도시로 전락할지도 모른다. 소설 속 산티아고 영감이 악전고투 끝에 잡은 청새치처럼 뼈대만 앙상히 남은 허울 좋은 도시로….

다행히 우리 애들은 부산에서 학교를 나와도 괜찮은 직장을 구해 부모 곁에서 생활하고 있다. 딸은 수시로 전화하고, 귀염둥이 외손자도 언제든지 만나 볼 수 있다. 독립해 나간 아들은 주말마다 찾아와 안부를 묻고 있으니, 서울로 가지 않아도 충분히 잘난 자식들이다.

누가 그랬던가. 산과 바다와 하늘이 멋들어지게 어우러진 부산에서 나고 자라서 생활하는 것이 얼마나 고마운지 모른다고. 이런 천혜天惠에 보답하기 위해서라도 3대가 함께 부산을 지키며 오순도순 행복하게 살아야겠다.

망우가 亡友歌

흐르는 것은 강물만이 아니런가? 나도 어느새 연경年庚 칠십 줄에 접어들었다. '인생 칠십 고래희人生七十古來稀'라고, 옛날 같았으면 언제 떠나도 이상하지 않을 나이다. 하지만 억겁을 다루는 세계에선 인간 세歲 따위는 안중에도 없는 모양이다. 주변의 멀쩡한 젊은이도 수시로 이승을 하직하니 말이다.

난데없이 부고를 한 통 받았다. 망자는 45년 전 부산보훈청에 같이 발령받은 입사 동기생이다. 나보다 여섯 살 아래니까 올해 예순넷이다. 그는 고등학교를 갓 졸업한 앳된 나이에 엄혹한 객지 생활부터 경험했다. 몇 년 후 연고지인 서울지방청 관내로 전보되어 갔지만, 다시 교육부로 넘어가서 제주대학교 행정실장으로 은퇴했었다.

젊었을 때부터 이곳저곳 옮겨 다니며 역마살이 잔뜩 낀 탓일까? 정년 후에도 가족이 있는 서울로 돌아가지 않고 제주도에 남아 바다낚시에 푹 빠져 지냈더랬다. 연전에 발간한 수필집을 한 권 보내려고 주소를 물으니, "와우 대단하우다 형님. 여기 물이 좋으니까 낚시하러 한번 옵수다. 몸만 오면 내가 다 모실 테니."라며 정말 기꺼워하던 친구다. 내가 낚시를 끊지 않았다면 어떤 명목으로라도 한번 가서 회포를 풀었을 것이다.

향가는 신라와 고려 초기에 지어진 우리나라 서정 가요이다. 한자의 음훈을 빌려 쓴 향찰로 《삼국유사》에 실린 신라시대 향가는 모두 열네 편이다. 그중 문학성이 가장 뛰어난 3장으로 이루어진 〈제망매가〉의 첫 장을 해독한 내용과 해석이다.

生死길은
예 이샤매 지흘이고
나는 가느다 말도
몯다 니르고 가느닛고

삶과 죽음의 길은 / 이에 있음에 머뭇거리고 / '나는 간다'는 말도 / 못 다 이르고 갔는가?

정녕 간다는 말 한마디 듣지 못하고 날아온 부고이다.
그와 또래로 가장 친하게 지내는, 보훈부에서 은퇴한 또 다른 동기생 C에게 전화를 걸었다. 사망 원인을 알고 싶어서다. 췌장암이라고 한다. 이 병에 대해 상식이 좀 있어 많이 고생했겠다고 하니까, 그러지는 않았다고 한다. 처음에는 당뇨병인 줄 알고 치료했단다. 올 4월쯤, 몸이 바짝 마른 모습을 보고 제주대학교병원 담당 교수가 아무래도 이상하다고 서울의 큰 병원에 가 보라며 진료 추천서를 상세히 써 주더란다. 그 병원에 갔더니 췌장암 말기로, 이미 간으로 전이됐더라고 한다. 특이하게도 별로 통증을 못 느껴서 가족에게도 알리지 않고 지내다가 본격적으로 입원 치료한 지 보름 만에 세상을 떠났다고 한다. 그나마 다행이란 생각이 들었다.

그와 C가 부산에서 근무한 지 한 1년쯤 지났을 때다. 휴일에 할 일이 없어 그들과 같은 하숙집에 살며 나와 동배의 절친 동기생 한 명을 포함한 네 명이 야유회를 가기로 했다. 박봉의 말단 공무원 시절이라 호주머니를 탈탈 털어서 준비한 게 새우깡 몇 봉지와 소주 서너 병이었다. 그것들을 들고 놀이 겸 해물 안줏감을 찾아 송도를 거쳐서 감천까지 바닷가를 훑고 다녔다. 결국 감천 갯바위에서 파도에 쓸려 너덜너덜해진 낙지를 한 마리 잡기는 했다. 먹을까 말까, 몇 번을 망설이다가 끝내 바다로 돌려보냈지만, 두고두고 추억의 한 장면이 되었다.

C가 임종 하루 전에 호스피스 병실에 누워 있는 친구를 면회하면서 옛날 바닷가를 거닐었던 이야기를 했다고 한다. 호흡기 때문에 말은 못 하고 손을 꼭 잡으면서 벅찬 감회에 젖더란다. 첫 부임지를 향한 수구초심이랄까. 그의 애틋한 마음이 전해져 솟구치는

눈물을 주체할 수가 없었다. C가 마지막으로, 고인이 좋은 데 가라고 기도나 많이 해 주라고 한다. 여러 사정으로 갈 수는 없어 성심껏 부의를 표하고, 진심으로 그의 명복을 빌었다.

일전에 퇴직자 모임의 회장이 빙모 상을 당하여 조문을 갔었다. 같이 간 동료 회원 다섯이 앉아 이런저런 이야기 끝에 내가 지나가는 말로 "이 몸이 죽거든 찾아와서 술 한 잔 올려 주게나." 했더랬다. 그러자 단 1초도 지체함이 없이 이구동성으로 날아온 말이 "정승의 말이 죽은 데는 문상을 가도 정승 죽은 데는 파리를 날린다는 말도 모르느냐?"라는 우레와 같은 퇴박 한 바가지였다.

카론은 그리스 신화에 나오는 저승의 뱃사공이다. 저승을 감싸고 흐르는 강 스틱스에서 배를 저으며 망자를 저승으로 실어 나른다. 뱃삯을 받지 않으면 절대 망자를 태워 주지 않기 때문에 그리스에서는 죽은 자를 장사 지낼 때 꼭 1 오보로스 동전을 입에 물려 주었다고 한다. 옛날 한국에서는 염을 할 때 입에 쌀을 가득 넣어 주는 풍습이 있었는데, 저승 가는 길에 배고프면 먹으라는 의미였다. 쌀 이외에도 종이로 동전 모양을 본뜬 육도전六道錢을 노잣돈으로 넣어 주기도 한다. 그러니 평생을 함께한 친구가 먼 길 떠나는데 찾아와 술 한 잔 따라 올리는 게 뭐가 그리 대수인가? 멀리 떨어져 살지도 않으면서…. 농담으로 받아들이기엔 뒷맛이 너무 씁쓸했다.

이틀 후 고인의 아내에게서 조의에 대한 감사의 전화가 왔다. 주고받는 대화가 마지막엔 울음으로 끝났다. 신라의 승려 월명사가 지은 〈제망매가〉는 이렇게 끝을 맺는다.

    아으 彌陀刹애 맛보오
    내 道닷가 기드리고다 (양주동 풀이)

    아아, 극락세계에서 만나 보자꾸나. / 내 불도를 닦으며 기다리런다.

  코로나의 여파로 부고를 받고도 조문을 가지 않는 경우가 다반사다. 나도 별반 다르지 않았다. 많은 친구의 배웅 속에서 떠날 수 있도록 부지런히 공덕을 쌓아야겠다. 정승이 아니라도 그것만큼 잘 산 인생이 또 어디에 있으랴.

신병 인수

'법 없이도 살 사람.'

선친이 생전에 동네 사람들에게 자주 듣던 소리이다. 이 말은 예전에나 통했지, 요즘같이 험악한 세상에는 법이 없으면 제명대로 살지 못할 사람이 수두룩하다. 그런 법의 규제 탓인지 살다 보면 본의 아니게 경찰서 신세를 지는 경우가 있다. 이때 유치장에서 듣는 말이 '신병 인수'라는 다소 생경한 용어다.

한창 젊었을 때의 일이다. 당직실로 밤늦게 전화가 왔다. 같은 부서에 근무하는 K로, 호형호제하는 동생이다. 평소답지 않게 목소리에 힘이 하나도 없다. 무슨 일이냐고 하니까, 어떤 사람과 시비가 붙어 지금 서부경찰서에 있는데 신병 인수를 좀 해 달라고 한다. 당직 근무자가 오면 사인만 하고 내보내 주기로 했단다. 급히 택시를 잡아타고 갔더니 경찰서 유치장 안에 끈 떨어진 뒤웅박 신세처럼 처량하게 앉아 있다. 당직 경찰한테 공무원증을 복사해서 제출하고, 신병 인수서에 사인하고 데려 나왔다. 집에 갔다가 내일 아침에 다시 출두해야 한단다.

K의 말을 조합한 사건의 전말은 이랬다. K와 우리 회사 소문난 술꾼 강초(酷) 형님이 서대신동 모처에서 기분 좋게 한잔 걸치고 지하철역으로 걸어왔단다. 마침 보행로에는 마트에서 상자를 무질서하게 쌓아 놓았고, K가 갈지자 행보를 하다가 그만 발이 걸려 넘어질 뻔했던 모양이다. 화가 잔뜩 난 K가 상자를 발로 걷어차자, 예상외로 얼척없이 날아가서 마트 앞의 통유리가 박살이 났다고 한다.

도로를 점유하여 선량한 시민의 통행을 방해한 죄를 응징한 대가는 너무나 가혹했다. 득달같이 달려 나온 마트 사장이란 작자가 워낙 거구에다 힘이 장사라 술에 취해서 흐느적거리는 몸으로는 둘이 붙어도 상대가 될 수 없었다. 강초 형님은 어깨뼈가 골절되어 인근 병원으로 실려 가고, K는 재물손괴죄로 유치장에 입감되었다. 나중에 K는 파손된 유리값을 물어 주고, 강초 형님은 치료비 일체를 받는 선에서 서로 합의가 이루어졌다.

주객은 전도되었지만, 신병 인수에 대한 경험은 진작에도 있었다. 군대에서 자대에 배치받은 후 첫 휴가 때였다. 부산이 연고인 같은 소대의 H와 동반 휴가를 나왔다. 나는 중고참인 그에게 다방면으로 신세를 많이 지고 있었다.

휴가 중 서면에서 만나 술을 한잔 대접하기로 했다. 1차를 하고 그냥 헤어졌으면 무탈했을 텐데, 군인 정신이 어디 그렇던가? 이곳저곳에서 받은 용돈으로 불룩해진 호주머니 사정만 믿고 무턱대고 간 곳이 아가씨가 있는 제법 그럴싸한 술집이었다. 거기서 진토닉을 몇 잔 마신 것까지는 기억이 나는데, 깨고 보니 전포동에 있는 헌병대였다. 군복은 토를 해서 엉망이고, 사무실에는 탈바가지를 쓴 헌병과 민간인 한 명이 서성이고 있었다. 곧이어 H 상병에게 연락받은 어머니가 한달음에 달려왔다. 결국 철딱서니 없는 아들이 퍼질러 놓은 술값을 계산하고 신병을 인수케 하였으니, 천하에 몹쓸 개망나니가 따로 없었다.

또 다른 사건은 울산여고 앞 사무실에서 안락동까지 출퇴근하던 초급 간부 시절에 일어났다. 그날은 연산동 사는 직속 상사와 술판이 벌어져 기어이 시외버스가 끊기는 상황까지 갔었다. 다음 날 태풍이 올라온다는 예보도 있고 해서, 여관방을 하나 잡아 편안하게 잠을 자고 바로 출근하기로 했다. 우리는 주취자酒醉者의 예측 불가능성을 결코 만만하게 봐선 안 된다. 밤중에 볼일을 보러 일어났다가 귀소본능이 도졌던지, 과장 몰래 살그머니 빠져나와 집으로 휑하니 내뺀 것이다.

당시 울산공업탑 로터리 근처에는 소위 총알택시가 성업 중이었다. 평소에는 만차가 돼야 출발하는데, 그날은 늦은 밤이라 손님이 없어 혼자 웃돈을 주고 널널하게 출발했다. 한참을 달려 부산 근교에 이르렀을 즈음, 속이 울렁거려 도저히 참을 수 없는 지경에 이르렀다. 창문을 열고 게우면 차 옆면을 더럽힐 것 같아 문을 약간 열자, 기사가 고함을 꽥 지르며 급정거했다. 그러더니 나를 사정없이 끌어내려 도로변에 내팽개치고는 욕을 질펀하게 내지르며 정말 총알같이 사라졌다.

 그 이후의 상황이 심각했다. 술기운에 방향 감각을 완전히 잃어버린 것이다. 한참을 헤매다가 이러다 큰일 나겠다 싶어 인근에 있는 파출소로 찾아가서 집으로 전화를 걸어 달라고 사정했다. 잠시 후 아내가 헐레벌떡 달려와서 신병을 인수하였으니, 어설픈 귀소본능이 저지른 위험하고도 남사스러운 결말이었다.

 총각 때 근무하던 부서는 1년 내내 시끄럽고 살벌한 민원이 넘쳐 나던 곳이다. 그런 연유로 망년회忘年會 때는 잊을 게 너무도 많았다. 영주동 시장통에서 시작하여 2~3차를 간 것까지는 좋은데, 그만 통금 시간을 놓쳐 버렸다. 팀장을 포함해서 열 명 가까운 인원이 굴비 엮이듯 파출소로 줄줄이 끌려갔다.

 조금 전까지도 큰소리 펑펑 치며 호기롭던 모습은 다 어디로 갔는지? 파출소 장의자에 웅크리고 앉은 몰골이 영락없는 대역죄인이다. 어느 조직이든 이럴 때면 빛을 발하는 이가 하나씩은 꼭 있다. 한쪽에 숨죽이고 있던 우리의 해결사이자 마당발인 P 형님이 나설 차례다. 입직 경찰에게 부탁하여 전화 한 통화를 하더니, 느긋한 표정으로 돌아와서 앉는다. 조금 후, 노련해 보이는 교통경찰이 싱긋이 미소 띤 얼굴로 나타나서는 "형님, 여기서 뭐 하는 교?"라며 살갑게 인사한다. 곧바로 당직 경찰과 뭐라고 쑥덕거리더니 통행증을 한 장씩 손에 쥐여 주며 잘 가라고 거수경례까지 올려붙인다. 다시 활기를 되찾은 우리는 인적이 끊긴 중앙동 대로를 활보하여 회사로 새벽같이 출근했다. 신병을 인수한 고마운 경찰은 지금 무얼 하고 있을까? 아, 옛날이여!

어쩌다 보니 우리 집 백년지객이 경찰이다. 이제 나이가 들어 술 뒤치다꺼리로 사위에게 볼썽사나운 짓을 시킬 일은 없을 것이다. 마지막 신병 인수는 나를 이 세상에 보낸 그분께서 오롯이 책임질 일이다. 이왕이면, 치매라는 달갑잖은 손님이 찾아오기 전이었으면 좋겠다.

비사 祕事

풍류가 제멋이다. 연말 모임이 쏟아져 망팔_{望八}을 앞두고 과로사할 지경이다. 회원들 작품으로 엮은 수필집 출판기념회를 마치고, 인근의 식당에서 저녁 식사 겸 반주를 곁들였다. 2차를 하러 나선 곳이 한때 문전성시를 이루던 서면이다. 우리는 불빛을 쫓는 부나비처럼 휘황한 노래방 네온사인 속으로 파드닥거리며 날아갔다.

실내에는 형형색색의 조명이 빙글빙글 돌아간다. 천장과 벽면이 온통 총천연색으로 물들었다. 왕년에 한가락씩 하며 당당했던 이들이 어색한 표정으로 엉거주춤 자리에 앉는다. 젊은 오빠 하나만 빼면 수줍은 오라버니와 꽃띠 숙녀들 넷씩, 딱 합이 맞는 구색이다. 다들 노래 실력이 보통은 넘는다.

나는 코로나19 발발 이후로 5년 만에 노래방에 왔다. 옛날 실력이 온전할 리 없다. 모두 신곡을 부를 때 홀로 흘러간 노래 책자를 뒤적이며 주눅이 바짝 들었다. 여러 순배가 돌고 어렵게 선곡한 곡이 안치환의 '위하여'이다. 이 곡은 현직에 있을 때 노래방에만 가면 소속 여직원이 지정곡처럼 주야장천 부르게 했던 노래다. 그때는 왜 힘든 곡을 부르게 하느냐고 투덜댔는데, 지금은 곤란한 처지에서 벗어나게 하는 고마운 곡이 되었다. 요즘 혼자 지내는 경우가 많아 외로움을 타는지 '친구'라는 노랫말이 유독 가슴에 와 닿는다. 그때의 K와 나는 둘도 없는 단짝이었다.

퇴근 무렵부터 가는 비가 부슬부슬 내리고 있다. K와 나는 각자의 우산을 받쳐 들고 중앙동 골목길을 목에 잔뜩 힘을 주고 걸어간다. 세상 겁날 게 없는 나이에, 소위 힘깨나 쓰는 부서에 근무하다 보니 습관처럼 몸에 밴 행동이다. 공교롭게도 앞에 짝을 맞추듯 생기발랄한 아가씨 둘이 우산도 없이 머리 정수리를 신문지로 가린 채 걷고 있다. 한쪽은 멀쑥하게 키가 크고, 다른 쪽은 아담한 체형이다.

우산을 받쳐 주고 싶은 안쓰러운 마음이 들 무렵, 우리 회사 대표 미남 K가 아가씨들 곁으로 쪼르르 달려간다. 곧장 쓰고 있던 우산을 손에 쥐여 주고 내 우산 밑으로 날렵하게 돌아온다. 그녀들은 잠시 당황하더니 감사하다고 인사하며 지하도 입구까지만 쓰고 돌려주겠다 한다. 순간 K가 그렇게 멋져 보일 수가 없다. 드디어 지하도에 당도하고 그녀들이 약속대로 우산을 돌려주려 하자, K가 한사코 받지 않으려고 손사래를 친다. 그러고는 역 뒷골목 포장마차에서 소주나 한잔하자며 툭 던지듯 말하고는 나를 끌고 잰걸음을 한다. 나도 얼떨결에 종종걸음을 친다. 슬쩍 뒤를 돌아보니 아가씨들이 우산을 쓰고 쫄래쫄래 따라오고 있다.

서면 노래방의 나는 마이크를 입가로 곧추세웠다. "위하여 위하여 우리의 남은 인생을 위하여"라고 큰 소리로 부른 뒤, 찰나 간에 숨을 고른다. 곧이어 "네가 있어 이렇게 내가 있어 이렇게 이 순간이 좋구나 친구야!"라고 읊조릴 땐 친구 생각에 눈물마저 핑 돈다.

부산역 담벼락에는 포장마차들이 줄을 지어 늘어섰다. 체구가 아담한 아가씨 옆에 K가 앉았다. 나는 김해 산다는 아가씨와 술잔을 주거니 받거니 하고 있다. 별로 흥이 나지 않는다. K가 소주를 몇 잔 기울이더니 노래방으로 가자고 꼬드긴다. 나는 어제 당직을 선 관계로 엄청 피곤하다. K는 구혼이지만, 나는 늦장가를 간 데다 아직 신혼이라 아내가 무지 보고 싶다. 2차든 뭐든 어서 진행하여 이 돌발 상황을 빨리 끝내고 싶다. 옆자리 그녀를 설득하여 노래방으로 향했다.

K가 노래방에서 하는 짓이 평소답지 않다. 여자도 술에 취했는지 문어처럼 흐느적거린다. 내가 봐도 너무 진하게 남자의 품에 파묻혀 있다. 내 파트너와 나는 눈 둘 곳을 몰라 애꿎이 술만 축내고 있다. 그녀가 넋두리하듯 저 애 그냥 두면 큰일이 난단다. 전에도 저러다가 마음에 상처를 입고 고생을 심하게 했다고 한다. 아차 싶어 얼른 가방을 둘러메고 뒤도 안 돌아보고 휑하니 노래방을 빠

져나왔다. 내가 사라져야 짝이 맞지 않아 파투가 날 것 같아서다.

내 노래는 현실에서 막바지에 접어들었다. "살아온 날보다 살아갈 날이 짧다. 청춘에 꽃이 시들었구나…." 모처럼 불렀는데 점수가 꽤 괜찮게 나왔다. 큰오라버니가 흥이 났는지 내 손을 잡고 슬로우 퀵퀵 돌아간다. 가만두면 밤새도록 놀 분위기이다. 과거의 그날처럼 내가 나서서 끝내야 할 것 같다. 노래방을 뒤로하고 서면 길바닥에 섰을 때는 서로 간의 흉금을 털어놓은 것 같은 끈끈한 정이 느껴졌다.

다음 날 출근하니, K가 혼자 두고 갔다며 한참 동안 툴툴거렸다. 묻지도 않았는데, 다짐하듯 별 볼 일 없었다고 쐐기를 박는다. 얼굴에 윤기가 반지르르한 게 거짓말은 아닌 것 같다. 점심시간에 회사에서 좀 떨어진 단골 식당으로 갔다. 이게 웬 우연의 일치인가! 어제 본 그녀들이 근무복을 입고 우리 테이블 옆을 스치듯 지나간다. 상의에는 꽤 괜찮은 회사 마크가 붙어 있다. 서로 알고도 모른 척했다.

식사를 마치고 회사로 돌아오는 길이었다. K가 어제 이야기를 되짚더니 내가 사라지지 않았다면 재미가 쏠쏠했을 거란다. 갑자기 목소리를 은근히 낮추더니 혹시 자기 와이프한테서 전화가 오면 지난밤 늦게까지 나하고 있었다고 이야기를 해 달란다. 자기 아내한테는 내가 보증수표란다. 안절부절못하는 꼴을 보니 딱해 보여서 그러마라고 했다. 물론 절세미인絶世美人인 그의 부인한테서 확인 전화는 오지 않았다.

'아뿔싸, 이를 어째!'

친구야! 지난날을 회상하다 보니 본의 아니게 너와 나만의 비밀을 까발리게 되었구나. 일장춘몽一場春夢 같은 세월, 함께여서 정말 행복했었다. 이 글 실은 책을 보내거든 제수씨 안 보이게 잘 간수를 해라. 건강관리 잘하고, 다시 만날 때까지 안녕.

모든 것은 시간이 흐르면 추억이다. 풍류객의 멋도 격도 시시각각 다르다.

설밑 하루

세월이 마치 밤하늘을 가르는 유성과 같다. 새해가 밝은 지 엊그제 같은데 절기는 벌써 소한, 대한을 지나 입춘을 눈앞에 두고 있다. 시간의 심리적 속도는 나이에 비례한다던가? 칠순 초입의 방지턱을 넘고 나니 빠르기에 거침이 없다. 이런 속도라면 올 한 해도 금세 지나가 버리리라.

소중한 하루를 허투루 보낼 수 없어 차를 몰고 길을 나선다. 모처럼 바다도 볼 겸 세파에 찌든 몸뚱어리를 씻기 위해서다. 낚시에 빠져 살 때 자주 가던 암남공원 주차장은 많이도 변했다. 머리 위로 해상케이블카 곤돌라가 쉼 없이 오고 가고, 우측 촛대처럼 우뚝 선 동섬 상부와 암남공원 기암절벽 사이로 아슬하게 용궁구름다리가 걸쳐 있다. 조개구이 천막촌도 거센 파도를 피해 언덕 밑으로 자리를 옮겼다.

턱을 제법 높게 올린 난간에 강태공들이 몇몇 엉거주춤 서 있다.

가까이 다가가 조황을 확인하니, 대부분 학꽁치 낱마리 수준이다. 5년 전 내가 한창 낚시 다닐 때는 제법 마릿수를 했었는데, 그간 물속 환경이 안 좋게 변한 모양이다. 매점에서 커피 한 잔을 사서 들고, 마주 보이는 절영도와 배들이 점점이 떠 있는 먼바다를 바라본다. 순간 가슴에 가득 찼던 오욕五慾들이 눈 녹듯 사그라들며 마음에 늘 푸른 평화가 찾아온다. 바다만이 가질 수 있는 최고의 덕목이다. 불자인 아내의 반대로 그만뒀던 낚시를 당장이라도 재개하고픈 마음이 꿀떡 같다.

차를 몰고 우리나라 제1호 공설해수욕장인 송도해수욕장을 지나, 인근의 해수사우나로 간다. 코로나 발생 전과 달리 사우나실 두 곳과 대형 욕조 한 곳은 폐쇄했다. 좀 썰렁한 면이 없진 않지만, 반신욕을 하며 남항 대교 밑으로 다니는 배들과 햇빛에 반짝이는 윤슬과 그 위를 나는 갈매기를 한껏 볼 수 있어서 좋다.

요즘 목욕업은 완전 사양산업이다. 코로나로 손님이 급격히 줄어든 데다 전기, 가스 요금까지 올라 목욕탕 주인은 '동네 유지에서 동네 거지'로 전락한 지 오래다. 최근 3년간 대략 40%가량이 문을 닫았을 정도다. 이것도 진행형이라 변두리 소도시에서는 아예 목욕시설 자체가 사라졌다고 한다.

나이가 들어 제때 씻지 않으면 소위 '노인 냄새'라는 노릿한 냄새가 난다. 노화로 피지 속 지방산이 산화돼 생기는 '노넨알데하이드'라는 물질이 잘 배출되지 못하고 모공에 쌓여 유발하는 냄새다.

손자가 모처럼 할아버지 집에 왔다가 "아, 냄새!"라며 코를 틀어쥔다면 얼마나 심한 모멸감을 느낄까? 어릴 적 제때 씻을 수 없는 환경에서 받았던 스트레스를 늘그막에 반복하는 모양새다.

2월의 달력 상단에는 입춘 외에도 민족의 대명절 설날이 자리하고 있다. 명절 하면 백석의 〈여우난 곬족〉이 생각난다. 시에서의 화자는 엄마 아빠 따라 큰집에 가지만, 나는 아버지 따라 목간을 간 때로부터 설 명절날이 시작된다.

목욕은 초등학교 선생님이 용의容儀 검사를 예고하면, 부랴부랴 끓인 물을 대야에 붓고 머리와 손발 정도 씻는 게 전부였다. 평소 얼마나 게으름을 피웠으면, 날아가던 까마귀가 형님 하고 안 부르면 다행이라 했을까? 손등은 시커먼 때가 눌어붙고 쩍쩍 갈라져서 수세미나 돌 같은 걸로 아무리 빡빡 문질러도 쉽게 해결될 문제가 아니었다. 방법은 오직 하나, 명절날 목욕탕에 가는 길밖에 없었다.

섣달그믐날의 목욕탕은 말 그대로 콩나물시루였다. 간신히 비집고 자리를 잡으면 본전 뽑을 때까지 어떻게든 영역을 고수했다. 탕 안에도 사람들이 빼곡히 들어차서 때는 물 위에 둥둥 뜨고, 물은 뿌연 곰탕 국물처럼 변했다. 주인장은 한 번씩 잠자리채 같은 걸로 물 위의 때를 걷어 내고, 수챗구멍 머리카락도 손으로 재빨리 훑어 내곤 했다. 또 헹구는 곳에는 벽 하단을 터서 사각형 수조가 만들어져 있었는데, 여탕과 남탕 공용이라 여자들 바가지가 남자들 바가지와 수시로 부딪쳤다. 그 터진 공간을 이용하여 큰 소리로 가족 간에 목욕 끝나는 시간을 조절하기도 했다. 목욕을 마치고 나오면 손은 쭈글쭈글해져서 영락없는 할머니 손이 되었다.

개운한 심신으로 다시 차를 몰고 집으로 향한다. 자갈치 시장통 주변의 인파들이 산더미처럼 몰려서 이리저리 북새통을 이루고 있다. 곧 설밑이라서 그런지, 어릴 적 추억이 하나 더 떠오른다.

설날이라 방앗간에서 가래떡을 할 때였다. 어머니는 불린 쌀을 이고, 나는 뒤를 따라 쫄래쫄래 방앗간으로 갔다. 먼저 온 대야들이 길바닥에 어디까지나 늘어서 있다. 어머니는 음식 하러 다시 집으로 가고, 나는 대야를 지키고 섰다. 날씨가 얼마나 춥던지. 발을 동동 구르다 마침 근처에 장작불을 지핀 곳이 있어 어른들 사이를 비집고 들어갔다. 모두 신발째로 발을 녹이고 있었다. 나는 용감하게 신발 벗고 양말 신은 채로 불 속에 발을 냅다 들이밀었다. '오매, 이게 뭔 일인가?' 설빔으로 받은 양말이 순식간에 홀라당 타서 발목 부위만 남았다. 그게 나일론이었고 나일론이 불에 약하다는 걸 알려 준 사람은 세상천지에 없었다.

차를 주차하고 집으로 올라오니, 문 앞에 주문한 책 한 권이 놓여 있다. 《남에게 보여주려고 인생을 낭비하지 마라》는 쇼펜하우어 소품집이다. 정독하며 하루를 유의미하게 살 지혜를 구해야겠다.

꽃나무 연상 聯想

지구온난화로 계절에 대중이 없어졌다. 봄인가 하면 여름이고, 가을인가 하면 벌써 겨울이 저만치 와 있다. 정겨운 춘추春秋 씨가 사라지고, 맵기가 고추 같은 하동夏冬 댁만 남은 셈이다. 이런 계절의 변덕에 꽃도 사람도 정신을 못 차릴 지경이다. 사계가 뚜렷하던 그때는 그러질 않았는데….

"봄이 오면 제일 먼저 피는 꽃이 뭔지 아는 사람?"

점잖은 팀장 두 분이 봄빛이 완연한 사무실 창밖을 내다보며 불쑥 던진 질문이다. 아마 두 분도 의견 일치가 잘되지 않는 모양이다. 당시에는 인터넷, 휴대전화 등의 문명 기기가 없던 시절이라 순전히 자기 촉만으로 답해야 한다.

하늘 같은 선배의 물음에 너도나도 앞다퉈서 한마디씩 거든다. 어떤 이는 목련이라 하고, 또 다른 이는 개나리와 진달래를 들먹인다. 복사꽃, 살구꽃이라고 하는 이도 있다. 이런 식이면 어느 시인이 작시한 '모란 동백'까지 불려 나올 판국이다. 갑론을박을 벌이다가 결국 답을 찾지 못하고 흐지부지되고 만다.

퇴근 후에는 지구가 멈춰 서지 않는 한 일과에 어김이 없다. 회사 앞 슈퍼에서 쥐포 안주에 병맥주를 늘어놓고 낮의 화젯거리로 2차전에 돌입한다. 말석인 내가 느끼기에는 대화에 임하는 이들이 자기가 출퇴근하면서 본 꽃이 가장 먼저 피는 봄꽃이라고 미리 단정해 놓은 것 같다. 하기야 집에서 사무실로 다람쥐 쳇바퀴 돌듯 하는 무미한 남자들이니 삼천리금수강산에 봄꽃이 피고 진들 무슨 감흥으로 관심을 가졌겠나? 탁자 위에 꽉 들어찬 빈 병들의 술값을 먼저 이 자리의 좌장인 팀장이 계산한다. 그 이후에 놓이는 맥줏값은 부서원들이 십시일반으로 보탠다. 박봉이긴 하나 그런 낭만이 넘치던 때가 공직 생활의 황금기가 아니었나 싶다.

이상 기후 탓인지 3월의 절기 경칩驚蟄을 앞두고도 추위가 수그러들지를 않는다. 예년 이맘때쯤에는 뒷산 벚나무에 꽃봉오리가 맺히고, 오리나무에 연두색 수꽃이 달리곤 했는데 올해는 전혀 그럴 기미가 없다. 단지 우리 아파트 화단의 동백나무만 추위도 아랑곳하지 않고 드문드문 빨간 꽃을 피우고 있다.

모처럼 회사 선배 두 분을 모시고 자갈치에서 술 한잔 나누기로 했다. 이분들은 옛날 봄꽃을 화두로 던진 팀장들의 수제자 격이다. 내가 난관에 부닥칠 때마다 금쪽같은 조언으로 힘을 북돋아 주신 분들이기도 하다. 가는 날이 장날이라고 비가 추적거리고 매

서운 바람까지 들이친다. 약속 장소로 가니 일찍 나온 선배들이 추위에 얼굴색까지 시퍼렇다. 예약된 식당에 좌정하며, 동행한 후배 한 명과 같이 술 한 잔씩 따라 올린다. 이제 연세들이 그만하여 주량도 기억력도 옛날 같지 않다. 그래도 우리의 봄날을 찬란하게 빛내 줬던 그 벚나무만큼은 아직 잊지 않고 있으리라.

내가 몸담았던 관서의 건물은 2006년 5월 새 청사 준공을 기점으로 신新, 구舊의 역사가 갈린다. 지금 이야기하는 대상은 지하 1층, 지상 4층의 직사각형 구조로 된 구청사를 말한다. 군사원호청 시절부터 자리했으니까 중앙동 뒷골목에 터를 잡은 지 거의 40년 가까이 되었다. 그 정문 옆 화단에 풍채가 당당한 벚나무 한 그루가 청사를 지키는 호위무사처럼 의젓하게 서 있다. 봄이 오면 빛바랜 건물만 죽 늘어선 우중충한 거리에 화들짝 연분홍빛을 선사하는 명품 꽃나무로 소문이 자자했다.

이 교목에 꽃이 필 무렵이면 청사에서 제일 멋진 곳이 2층 동편에 있는 보훈과 사무실이다. 창문을 열어 놓으면 꽃을 단 탐스러운 가지들이 비집고 들어와 살랑살랑 봄기운을 전할 정도로 운치가 넘쳤다. 꽃잎이 흩날릴 때는 나무 밑에 돗자리를 깔아 놓고 즉석 야유회를 갖기도 했다. 그럴 때면 총각 직원들은 술판은 뒷전이고, 주변 사무실에서 퇴근해 가는 젊은 처자들에게 은근슬쩍 작업 걸기에 바빴다.

한편, 그 벚나무는 불편한 몸으로 가족들 생계를 위해 악전고투

하던 6.25 전상자들의 피눈물을 보고 자란 생사목生史木이었다. 한여름 잎이 무성할 때는 전몰군경 유가족들이 그늘에서 애끓는 한을 삭히고 가는 한탄목恨歎木 노릇도 했다. 그 시름을 함께 나누던 젊은 직원이 갑자기 쓰러졌을 때는 영정을 놓고 노제를 지내는 당산목堂山木 역할까지 아울렀다.

청사를 새로 지으면서 역사와 애환이 깃든 벚나무가 매몰차게 베어졌다. 체구가 장대하고 가지가 벌어져서 이식하기 힘들다는 이유로 조각조각 발리었다. 실상은 독립유공자를 기리는 관서에 일제를 상징하는 벚꽃이 자리할 수 없다는 명목으로 내쳐진 것이다. 다행히 새로 지은 청사는 나라의 꽃인 무궁화 외에도 그 나무의 원혼을 달랠 목련, 장미, 치자, 이팝나무 등의 꽃나무가 여럿 심어졌다.

술잔이 오고 가는 중에 옛날 봄꽃을 논하던 팀장 두 분의 말년 이야기가 화제에 올랐다. 한 분은 홀로 쓸쓸히 지내다 생을 마감했고, 또 한 분은 직원들이 아무도 모르는 새에 뇌졸중으로 사망했다고 한다. 부산보훈사史의 한 획을 그었던 분들이 소리 소문도 없이 스러져 간 것이다. 선배들을 잘 모시지 못한 후배들의 죄스러운 마음이 술잔에 그득하다.

신청사에서 근무할 때였다. 하루는 청사 뒤편 철도 하치장 담벼락 쪽에서 잠시 휴식을 취하다가 보니, 차고 앞 화단 그늘진 곳에 꼭 매화를 닮은 볼그레한 꽃이 잔뜩 피어 있었다. 때마침 청소하는 아주머니가 곁에 있어 꽃 이름을 물으니, 살구꽃이라고 한다. 그때는 청사 앞마당에 목련이 피기 전이라, 적어도 청사 안에서는 이 꽃이 제일 먼저 피는 봄꽃이라 하겠다. 비록 화두를 던진 선배는 이승을 하직하고 없지만, 새까만 후배가 저승에서 술 한잔 나눌 거리는 진즉에 찾아 놓은 셈이다.

  이제 자리를 털고 일어설 시간이다. 또 언제 한담閑談을 나누게 될지 장담이 안 되는 나이들이다. 마주한 선배들의 말년이 쓸쓸하지 않도록 각별히 신경을 써야겠다는 다짐을 새삼스레 해 본다.

천진불

은퇴자 모임 대화방에 글이 하나 달렸다.

"친구들아, 나는 이번 달 12일에 서울로 이사 가게 됐다."

공부 잘하는 딸자식 한양으로 보내더니, 끝내는 아내 따라 꼼짝없이 끌려가는 모양새다. 나는 절친한 친구가 떠나는 아쉬움을 댓글로 토로했다.

"나이가 들면 자유롭게 여행이나 다닐 줄 알았는데ㅠㅠ. 아무쪼록 거기 가서도 잘 지내시게나."

예전 어느 TV 드라마에서 아버지로 분한 배우가 했던 이런 대사가 기억난다.

"자식은 태어날 때부터 부모 가슴에 커다란 돌덩이를 얹어 놓고, 커서도 치울 줄을 모른다."

우리들 신세가 딱 그 맞잡이다. 너나없이 종심 언저리에만 가면, 영원한 형벌의 덫에 걸린 시시포스처럼 자식이 올려놓은 큰 애물 덩어리에 짓눌려 가쁜 숨을 몰아쉬고 있다.

　이런 사정을 마치 부처님 손바닥 들여다보듯, 오늘 자 신문에 "인생 시계 바꾸는 '지각 사회'"라는 제하의 기사가 올라왔다. 우리나라가 OECD 38개 회원국 중 40대 초반 출산율이 20대 초반보다 높은 유일한 나라라고 한다. 자녀들이 일자리를 잡고 가정을 꾸리는 시기가 점점 늦어져서 40대에 청첩장 돌리고, 50대에 육아휴직을 하는 게 더 이상 드문 일이 아니다. 이러니 '할마·할빠'도 자연스레 10년씩 뒤로 밀렸다. 돌봄 받아야 할 70대 나이에 맞벌이하는 딸, 사위 대신 손주들 뒷바라지하느라 허리, 무릎 등이 고장 나 병원을 찾는 경우가 돌림병처럼 되었다.

　옛날 외벌이 시절에는 아들 낳으면 국내에서 기차 여행 하고, 딸을 낳으면 비행기 타고 해외여행 다닌다고 했다. 노후에는 귀하게 키운 아들보다 천덕꾸러기였던 딸이 여러모로 쓸모가 더 있다는 뜻이리라. 맞벌이가 대세인 지금은 전세가 역전되었다. 시어른을 피하고 싶어 하는 며느리들의 본성 때문인지, 아들 낳은 부모는 자유롭게 룰루랄라 여행 다니고, 딸 낳으면 손주 뒷바라지로 옴짝달싹을 못 한다.

　아내라고 무슨 용빼는 재주가 있겠는가. 평일 딸네 집에서 생활하며 손자를 돌본 지도 어느덧 햇수로 4년 차이다. 그간 하릴없이 나이가 들어 '어르신 교통카드'로 지하철을 이용하고 있다. 요즘 부쩍 힘에 부치는지 입에서 자주 한숨 소리가 새어 나온다. 사실

예순 중반을 넘은 할머니가 손자 뒷바라지로 좋은 시절 다 보낸다고 생각하면, 마음이 한결같을 수는 없을 것이다. 딸도 자식을 하나 더 가지려는 생각이 아예 없진 않았으나 엄마 고생시키는 게 미안했던지 그만 마음을 접은 눈치다.

여섯 살배기 손자가 다니는 유치원이 일주일간 하계 방학을 맞았다. 어린이집에 보낼 때는 별도로 탁아반을 운영하여 맞벌이하는 부모들 편의를 봐줬으나 유치원은 그런 제도 자체가 없다. 방학 기간 오롯이 가정에서 책임지고 보살펴야 한다. 공교롭게도 딸, 사위가 다른 근무지로 옮겨 간 지 얼마 되지 않아 휴가도 마음대로 낼 수 없는 형편이다. 손자에게 방학 기간 할아버지 집에서 지내라고 하니, 녀석이 엄마 곁을 떠나 있기 싫다고 대성통곡을 하고 난리가 났단다. 결국 우리 집에서 사흘을 지내고, 아내가 다시 딸네 집으로 가서 나머지 이틀을 보내기로 합의를 봤다.

이렇게 결정되고 나니까 부랴부랴 챙길 게 하나 있다. 연식이 오래되다 보니 올해 들어 수시로 고로롱거리는 차량을 정비하는 일이다. 처음에는 시동이 안 걸려 애를 먹이더니 이 더운 날씨에 에어컨 설비까지 고장이 났다. 꼭 물 먹는 하마처럼 용돈의 씨를 말린다. 그냥 성질대로 하자면 고령을 빌미로 운전면허증을 반납하고 폐차장으로 콱 보내 버리고 싶지만, 요번같이 손자를 태우는 중차대한 일과 원거리의 문중 시제 참여 등 여러 사정상 선뜻 그럴 수가 없다.

흔히 손자는 올 때 반갑고 갈 때는 더 반갑다고들 한다. '설마?' 하다가 실제로 겪어 보니 그 말이 어찌 그리 딱 들어맞던지. 에너지 넘치는 녀석을 덥다고 집에만 데리고 있을 수가 없어 단단히 손을 본 차에 태워 키즈 카페, 다대포 해수욕장을 다니며 놀아 주다 보니 혼이 쏙 빠졌다. 최선을 다해서 자유를 만끽하게 해 줬는데, 여섯 살 잣대로는 얼마나 만족했는지 모르겠다. 아무래도 낯선 지구별에 떨어진 '어린 왕자'처럼 집으로 돌아가고픈 마음이 더 간절했으리라.

무소유를 몸소 실천한 법정 스님은 생전에 생텍쥐페리의 《어린 왕자》를 스무 번도 더 읽고 서른 권이 넘는 책을 사서 지인에게 선물했다고 한다. 나도 벌써 여러 번 읽었다. 티 없이 맑은 영혼의 어린 왕자가 소행성으로 돌아가기 위해 무거운 몸을 벗고 슬픈 이별을 택한 행위와 무관하지 않다. 영국의 낭만파 시인 윌리엄 워즈워스는 〈무지개〉라는 시에서 "어린이는 어른의 아버지"라고 노래했다. 아이의 몸에는 우리들 친·외가 할아버지의 할아버지, 수많은 윗대 할아버지의 역사가 DNA로 함축되어 들어 있다. 한 마디로 우리 선조 어르신들의 분신이다.

불가에서는 천진을 '불생불멸의 참된 마음'이라 하고, 아이를 천진불이라 말한다. '천진불天眞佛'은 삼신불의 하나인 법신불을 달리 이르는 말로, 영겁永劫하도록 변하지 않는 만유의 본체에 인격적 의의를 붙인, 빛도 형상도 없는 부처를 이른다. 이에 따르면 나는

천진불

손자의 행색을 한 부처와 온통 사흘간을 함께 지낸 게 아닌가? 딸네 집에서 고생하는 아내 덕분에 이런 호사를 누렸으니 애틋하고 고마운 마음 한량없다. 천진불을 친견할 기회조차 갖지 못한 사돈에게는 좀 안 된 일이지만….

  열한 명 남짓 되는 부산 사는 회원 중에서 벌써 다섯 명이 거주지를 수도권으로 옮겼다. 늘그막에 고생이라 생각지 말고, 어린 손주에게서 천진불의 참된 마음을 배울 수 있기를 빌어 본다. 그래야 천국과 극락왕생의 문이 활짝 열릴 게 아닌가.

불면의 새벽

"덜커덩, 우웅, 스르릉."

아파트 음식 쓰레기 수거 차량이 새벽의 적막을 깨뜨린다. 그 기계음에 알 수 없는 소리가 실내에서 반응한다.

"쪼르륵, 뚝, 끼잉."

꼭 귀신 울음소리 같다. 귀신 소리? 들은 적이 없어 더 괴기하고 공포스럽다. 근데 이 시간에 잠들지 못하는 나는 영적으로 이미 귀신과 닿아 있는 건 아닐까?

아내가 손자를 돌보러 딸네 집에 가 있다. 당연히 주중에는 혼자서 지낸다. 이렇게 외로이 지낸 지도 벌써 햇수로 5년 차이다. 홀로 지내다 보면 하루 종일 말 한마디 못 할 때가 많다. 그 여파로 목청은 쇠퇴해서 쉰 소리가 나고, 귀청은 예민해져서 온갖 잡동사니들을 다 빨아들인다. 한밤중에는 강도가 훨씬 심하다. 그래도 잠을 설치게 하는 건 바깥 세계가 아닌 내면에서 나는 번민의 소리다. 오늘 머릿속을 어지럽히는 것은 늙어 가는 데 대한 괴로운 심사다.

어제 밤늦게까지 책상머리에 앉았다가 잠시 눈을 붙였는데, 이렇게 선잠을 깼다. 나이가 들면 새벽잠이 없다더니 이건 숫제 잠을 못 자는 게 아닌가? 다시 자려고 아무리 발버둥을 쳐도 머릿속은 온갖 상념들로 서걱거린다. 시간이 흐를수록 머리 이쪽저쪽으로 커다란 바위가 굴러다니는 것 같다. 얼른 이불을 박차고 일어나 명상의 가부좌를 튼다. 오늘의 화두는 어제 책에서 읽은 '나는 누구인가? 나는 어디서 와서 어디로 가는가?'이다. 정말 머리를 맑게 하는 참구參究거리다.

나는 누구인가? 그에 대한 답은 거울을 보면 금방 나온다. 얼굴에 잔주름이 자글자글하고, 머리숱은 허전한 영락없는 노인네다. 한때는 천하를 다 가진 것처럼 기세가 등등했는데, 지금은 눈빛이 흐릿한 그저 그런 늙은이에 불과하다. 세월이 흐를수록 형색은 점점 더 바래질 것이다.

노인들에겐 해가 바뀌는 연말 연초가 제일 괴롭고 우울하다. 인사를 한답시고 새해가 어떻고, 나이가 저떻고 하다가는 괜한 분란만 일으킨다. 어릴 때는 어서 어른이 되어 술도 마시고, 멋지게 담배 연기도 내뿜고, 예쁜 여자와 연애도 하고 싶어서 세월이 빨리 갔으면 했었다. 정작 시간이 쌩하니 흘러서 노인이 되고 보니 세월을 허투루 쓴 잘못은 생각지 않고 애꿎이 나이 탓만 하고 있다.

눈치 없는 지인이 새해 벽두부터 나이 관련 글을 하나 보내왔다. 세간에 회자하는 '인생 백 년 사계절 설'이다. 즉 백세시대를 넷으로 나누어 25세까지가 봄이요, 50세까지가 여름, 75세까지가 가을, 100세까지가 겨울이라고 한다. 72세 노인인 나는 단풍이 가장 아름다운 만추쯤 된다고 한다. 일면 수긍이 가면서도 곧 다가올 인생의 겨울에 서글픈 감정이 앞을 선다.

딸네 집에서 손자를 돌보는 아내가 요즘 들어 부쩍 힘들다는 소리를 유행가 가락처럼 늘어놓고 있다. 세상천지에 손자라고는 단 하나뿐인 나는 아내가 태업할까 봐 좌불안석이다. 만추의 노인은 아파트 지하 1층으로 내려가 연식이 오래된 흰색 차량 앞에 선다. 딸네 집에서 돌아오는 아내를 지하철역에서 픽업하기 위해서다. 거리는 얼마 되지 않지만, 아내를 조금이나마 위로하고 싶은 나의 진정이 오롯이 담겨 있다.

텔레비전을 보다 옆에 앉은 아내를 가만히 살펴본다. 염색한 머리가 빛이 바래 밑동에서 하얀 파뿌리가 드러나 있다. 아내의 늙어 가는 모습을 보다가 갑자기 꿈속의 그녀들이 생각났다. 아마 넷플릭스의 〈오징어 게임〉 시리즈를 보고 난 뒤였으리라. 꿈을 꾸는데 어릴 적 소꿉놀이하던 소녀와 중학교 때 풋사랑이 보였다. 그 둘 중 누구와 편을 먹고 생존 게임을 했는지는 뚜렷하진 않지만, 그녀들은 그 시절 그대로였다. 눈앞의 아내만 대중없이 늙었다. 참 안타까운 일이다. 아무튼 나이 칠십이 넘었는데도 아직 아내 외의 이성이 꿈에 나타나는 건 화禍일까, 복福일까, 주책일까?

 음식 쓰레기 차량이 떠난 빈 공간을 또 다른 대형 차량이 와르릉거리며 채운다. 한참 후, 멀어져 가는 차의 엔진 소리와 함께 난데없이 김광균의 시 〈와사등〉이 생각났다. 이 외로운 밤, 내 생각의 조각은 홀로 어디로 어떻게 가라는 슬픈 신호에 걸려 있을까? 가부좌를 하고 앉은 모습을 비웃기나 하듯 부질없는 생각들이 연이어 꼬리에 꼬리를 물고 일어나고 있다.

 유치원에 다니는 일곱 살배기 손자가 봄 방학을 맞았다. 저녁에 검도장에도 다니고 있어 아내가 딸네 집에서 지내며 보살펴야 한다. 한마디로 아내와 나의 삶에 방학이라는 쉼표가 없어졌다. 손자가 며칠간 할머니와 종일토록 놀다 보니 정을 듬뿍 느낀 모양이다. 할머니와 헤어지면서 눈물을 흘리더라고 한다. 아내가 딸과 통화를 하면서 손자의 눈물 흘린 이야기를 화젯거리로 삼던 중 손자 녀석이 통화에 끼어들며 하는 말이 가관이다.

 "그때 이야기를 들으니 또다시 눈물이 나려고 해요."

 아내가 뿌듯해하는 걸 보면 녀석의 감성과 처세술이 보통은 넘는다. 만사 무뚝뚝하고 융통성이 없는 제 외할아비를 닮지 않은 게 얼마나 다행스러운지 모른다.

 '나는 어디에서 와서 어디로 가는 걸까?' 온갖 잡념의 망상을 뿌리치기 위한 명상도 이제 막을 내려야 한다. 나는 부모님의 몸에서 와서 가족의 배웅 속에서 어디론가 떠날 것이다. 어느 글에서 보니, 내일은 신의 영역이라 했다. 오늘에 최선을 다하고 내일 어디로 갈지는 오로지 하늘의 뜻에 따를 뿐이다.

여명이 얼마 남지 않았지만, 뒷산은 아직 쥐 죽은 듯 고요하다. 내면의 소리도 조용히 숨을 죽인다.

제3부
참살이 셰프

어설픈 이야기꾼

참살이 셰프

어머니의 반려견

점괘와 글 길

신동의 조건

기러기 할배

특유재산

유비무환

조마이섬

어설픈 이야기꾼

근래에 읽은 책에 이런 글이 나온다. "신이 천국에 있는 줄 알았는데 알고 보니 마음속에 숨어 우리를 조종하고 있다."(박양근, 《문학 오디세이를 위한 메타에세이》, 수필과비평사, 2022) 어릴 적, 우리의 마음속에 몸을 숨긴 신은 귀신鬼神이다. 실체도 없는 '검은 신'에 휘둘려서 잠을 자다 이불에 지도를 그리고, 가위눌림을 당한다. 잠재된 내면의 악마를 의식 세계로 불러오는 이는 놀랍게도 어머니다.

내가 코 흘리던 때는 정전停電이 잦은 사정으로 촛불과 호롱불을 번갈아 켜 놓고 살았다. TV는 극히 일부만 소유할 정도로 귀했고, 라디오도 그 못지않았다. 아이들은 맘껏 뛰어놀던 낮과 달리 밤에는 딱히 할 일이 없었다. 어머니는 무료해진 아이들 등쌀에 떠밀려 자연스레 이야기꾼이 되었다. 윗대로부터 들었던 설화를 "옛날 옛적 호랑이 담배 피우던 시절에…."로 윤색하여 다시 자식들에게 전하는 전승자 노릇을 하였다.

어머니가 가진 민담 보따리의 대부분은 무서운 이야기로 가득했다. 꼬리가 아홉 개 달린 여우가 어여쁜 며느리로 변신해서 집에 있는 소들의 간을 빼 먹는다거나, 하숙집에서 공부하던 학생이 밤중에 뒷산 공동묘지에 가서 새로 쓴 무덤의 시체를 파먹는다는 오싹한 매구 이야기가 주를 이루었다. 이야기가 끝나면 우리는 눈이 화등잔만큼 커져서 촛불에 일렁이는 그림자에도 소스라치곤 했었다.

특히 시커먼 재래식 화장실 아래에서 밑씻개로 "노란 종이 줄까, 빨간 종이 줄까?"라며 색종이 타령을 하는 귀신 이야기를 듣고 나면 갑자기 왜 그렇게 뒤가 마려웠는지. 어머니는 자식을 무서움에 떨게 한 벌로 실외에 따로 떨어진 통시 앞에서 하릴없이 보초를 설 수밖에 없었다.

그때 모자간에 하는 대화는 주로 이랬다.

"엄마, 어디 가면 안 돼, 꼼짝 말고 거기 있어!"

"그래, 걱정하지 말고 어서 누고 나온나."

요사이 부쩍 어머니에게 대물려 받은 재주를 써먹을 일이 늘었다. 다섯 살배기 손자 녀석이 나만 만나면 이야기를 해 내라고 떼를 쓰기 때문이다. 그것도 공룡 중에서 제일 무서운 티라노사우루스의 괴성 버전으로 하라고 상황까지 지정한다. 나는 도리 없이 목소리를 탁하게 하여 어쭙잖게 주절댈 수밖에 없다.

언젠가 손자에게 휴대전화로 눈이 빨갛고 코가 길쭉한 마귀할

어설픈 이야기꾼

멈 사진을 보여 준 적이 있다. 그 이후로 툭하면 마귀할멈 이야기를 해 달라고 한다. 손자 바보인 나는 즉시, 빗자루를 타고 공중을 날아다니던 마귀할멈이 말 안 듣는 아이를 잡아가서 펄펄 끓는 솥을 앞에 두고 저녁거리 준비를 한다는 그럴싸한 동화를 대령한다. 물론 빗자루 비슷하게 생긴 가재도구를 사타구니에 끼운 채로 훨훨 날아다니는 흉내를 내면서다. 그 영향 때문인지 녀석은 마귀할멈을 엄청나게 무서워한다. 말 안 듣고 엉터리를 부리거나 할 때, 마귀할멈이 잡아간다고 엄포를 놓으면 꼼짝없이 걸려든다.

이야기 하면 어릴 때 보던 만화를 빼놓을 수 없다. 나는 대문에 던져진 신문을 아버지께 가져다드리는 심부름을 자진해서 도맡았다. 신문에서 풍기는 진한 인쇄 향이 좋아서이기도 하지만, 네 컷짜리 시사만화인 〈고바우 영감〉을 얼른 훑어보기 위해서다. 머리카락 한 올로 특정된 주인공의 말풍선에는 마치 세상을 축약한 듯한 묘한 마력이 숨어 있었다.

당시 초등학교 앞 만화방은 인내심의 블랙홀이었다. 한번 만화책에 빠져들면 헤어날 수가 없었다. 아이들을 노예로 만드는 수법은 뻔했다. 한참 재밌으려고 하면 "다음 편에 계속"이라며 얼마나 감질나게 하던가? 다음 편이 나오면 무슨 수(?)를 써서라도 만화방으로 달려가야만 하던 게 우리들의 숙명이었다.

앞날을 미리 알면 뭘 할까? 누구나 한 번쯤 가져 보는 생각이다. 이런 꿈같은 이야기는 영화나 드라마에서도 단골 소재로 등장한다. 근년에 인기리에 끝난 판타지 드라마가 그런 유에 속한다. '재벌 총수 일가의 오너리스크를 관리하는 비서가 재벌가의 막내아들로 회귀하여 인생 2회 차를 산다'는 다소 황당한 스토리다. 여기서 특이한 점은 웹툰을 원작으로 해서 그런지 16부작으로 종영할 때까지 계속 다음 회를 기대하게 만든 연출 기법이다. 어릴 때 만화방으로 달려가던 중독성을 늘그막에 다시 경험하게 된 것이다. 드라마 내내 '다음'이라는 덫에 걸린 내 모습에 실소失笑를 금치 못했다.

이야깃거리에는 정치권에서 벌어지는 일들도 빼놓을 수 없다. 상대편의 실수만 바라보다가 조그만 틈을 보이면 하이에나처럼 달려들어 물고 뜯는다. 이성理性을 상실한 공포물은 다음 편에 계속도 없다. 또한 대중적 인기에 영합한 포퓰리즘이 만연하더니 미래 세대의 앞날에 짙은 먹구름을 드리워 놓았다.

한때, 내가 사는 지역의 국제시장을 배경으로 한 영화가 천만이 넘는 관객을 동원하며 흥행했었다. 한국전쟁 이후 격변의 시대를 온몸으로 겪으면서 오직 가족을 위해 살아온 아버지 세대와 우리들의 이야기. 자식들에게 더 좋은 환경을 물려주기 위해 인고한 세월이 물거품이 될 정도로 국가부채가 눈덩이처럼 불어나고 있다. 아직 야물지도 못한 귀한 손자 손녀들에게 빚더미에 짓눌려 살게 해서는 안 되지 않는가? 이제라도 서로 양보하고 화합하여 후손들이 자랑스러워하는 나라로 만들었으면 한다.

앞에 예시로 든 《문학 오디세이를 위한 메타에세이》에는 작가를 상중하 셋으로 나누어서 하수의 작품은 읽기 싫은 글이라 하였다. 정신이 번쩍 드는 말이다. 명색이 글을 짓는 이야기꾼이라면서 인간적 향과 인문학적 무게와 수사기법과 글의 맥에 대해 진지하게 고민을 해 왔는지 자책해 본다.

글감 찾기가 여간 고역이 아니다. 애써 쓴 글도 스스로에게 감흥을 주지 못한다. 어머니의 귀신 세계를 넘나들던 입담을 제대로 이어받지 못한 게 못내 아쉽다. 어설프게나마 흉내라도 낼 수 있도록 글쓰기에 더욱 정진해야겠다.

참살이 셰프

어머니! 부르면 울컥해지는 이름. 우리들 마음의 영원한 고향이다. 그런 어머니가 떠난 지도 어언 30년. 어머니가 해 준 음식은 입안에 남아 그리움이 되었다. 그 손맛을 못 잊어 아내의 음식 솜씨에 투정을 부리다가 괜한 핀잔을 듣기도 한다.

아들과 딸은 제 엄마가 해 주는 음식을 단연 으뜸으로 안다. 어릴 때부터 익숙해진 입맛에다 할머니가 만든 음식을 접할 기회가 없어서 그럴 것이다. 자업자득이라고 아내는 시집간 딸과 독립해 나간 아들 반찬거리를 장만하느라 허리가 휜다. 그럴수록 내 어머니의 손맛이 진하게 배어나던 시절이 그립다.

우리 집은 4대 봉제사에 명절까지 총 열 번의 제사를 지냈다. 어머니 입장으로는 돌아서면 다시 제상을 준비해야 하는 징한 느낌이었으리라. 반면 철부지 아이는 온종일 오감이 즐거운 날이었다. 육전, 생선전, 호박전 등 각종 부침개에, 구수한 탕국 끓이는 냄새,

아버지가 납작하게 말린 문어를 가위로 꽃처럼 예쁘게 오리시던 모습, 낭랑하게 축문 읽는 소리, 자정이 넘어 따끈하고 눈처럼 하얀 쌀밥을 입안 가득히 떠 넣던 기억이 난다.

제사를 준비하는 과정에서 무엇보다도 잔상이 뚜렷한 것은 조상에게 올릴 막걸리를 빚던 일이다. 어머니는 기일이 다가오면 고두밥을 지어서 그늘에 말리고, 둥그런 누룩을 절구통에 넣어 잘게 빻았다. 이것들을 고루 섞어서 장독 크기의 항아리에 물과 함께 담고, 하얀 천으로 덮개를 씌워 뚜껑을 꾹 눌러 닫았다. 마무리로 국방색 담요를 덮어 작은방 아랫목에 신줏단지 모시듯 앉혀 놓았다.

얼마 후 쿰쿰해진 냄새에 어머니는 밀봉된 덮개를 열었다. 얼른 등 뒤에서 까치발을 하고 서면, 두꺼운 허연 막 위로 공기 방울이 뽀글뽀글 거품처럼 올라오는 게 보였다. 먼저 고깔같이 생긴 용수를 꾹 눌러서 제사상에 쓸 맑은 청주를 큰 대접으로 떠냈다. 그런 다음 커다란 양은 대야에 나무 가름대를 걸쳐서 체를 놓고 걸러 내면 걸쭉한 막걸리가 한가득 쏟아져 내렸다. 어머니가 눈대중으로 대략 농도를 맞춘 후, 곁에서 맛을 본 아버지의 평에 따라 최종적으로 물 부을 양이 정해졌다.

체로 걸러진 건더기를 다시 면포로 짜내고 남는 것이 술지게미다. 여기에 신화당 같은 감미료를 넣고 물을 부은 뒤, 가마솥에서 주걱으로 휘휘 저어 가며 끓이면 멀건 죽처럼 생긴 게 만들어졌다. 한 그릇 얻어먹었더니 헛구역질에 거시 물이 올라오고, 눈앞이 빙빙 돌면서 다리까지 꼬여 낭패를 봤던 기억이 난다.

　남부민동에서 셋방살이하던 고단한 시절. 집 앞 도랑 너머에는 철 따라 부추, 배추 등을 상업적으로 심는 너른 밭이 있었다. 때가 되어 밭주인이 배추를 수확하고 나면 상품성은 없지만 자그맣고 노란 알이 배긴 배추와 퍼런 시래기 거리가 지천으로 널렸다. 그 즈음이면 어머니는 머리에 뙤약볕을 가릴 수건을 덮어쓰고 밀레의 〈이삭줍기〉처럼 배추 줍기를 했다.

　주운 배추는 집 수채 가에서 살뜰히 다듬어 씻고 소금을 쳐서 숨을 죽였다. 한참 후 다시 씻어서 물기를 빼고 멸치 젓국과 고춧가루로 된 단순 양념으로 버무리면 맛이 기가 막혔다. 머리에 한 짐 이고 온 시래기거리는 새끼줄로 엮어 담장에 죽 널어서 말렸다. 적당히 마르면 시래기나물을 조물조물 무쳐 내고, 시락국도 한 솥씩 끓여 냈다. 그러면 우리는 〈춘향가〉 속 거지 차림의 이몽룡처럼 밥을 통으로 말아 김치하고 곁들여서 마파람에 게 눈 감추듯이 했다.

　아버지는 식성이 보통 까다로운 편이 아니었다. 밥이 조금만 질거나 되면 "매일 하는데 그깟 물 조절 하나 못하느냐."라고 여지없이 퇴박을 놓았다. 매 끼니 국이 없으면 아예 숟가락을 들지 않았다. 어머니는 그런 위기에 엄청 강했다.

　언제부턴가 우리 집 마루 한 귀퉁이에는 콩나물시루가 터줏대감인 양 떡하니 자리 잡았다. 바닥에 구멍이 숭숭 뚫린 시루 밑에는 큰 고무대야를 받쳐 놓고, 바깥에 들락날락할 때마다 대야에 있는 물을 바가지로 퍼부어서 콩나물을 키웠다. 콩나물이 자라면 수시로 한 움큼씩 솎아서 콩나물국을 끓였다. 우리는 아버지 때문에 콩나물국을 아침저녁 질리도록 먹었다.

하루는 집 앞 바닷가 시장에서 사 온 생선으로 국을 끓여 내놓았다. 빚어 넣은 무에 건더기가 젤리처럼 물컹거리는 희멀건 국이었다. 떨떠름한 표정으로 숟가락을 휘휘 젓다가 마지못해 한 숟가락 뜨니 얼마나 속이 시원하던지. 장성하여 동생들과 옛이야기를 하던 중에 그게 아귀인 것을 알았다. 당시에는 생선 취급도 안 하던 것을 싸게 사서 대중화되지도 않은 조리법으로 한 솥 끓여 내놓은 것이다. 이처럼 어머니는 남다른 요리법을 선도하는 셰프$_{chef}$이기도 했다.

먹거리에 대한 추억은 꽁보리밥에서 정점을 찍는다. 무엇이든 소화해 낼 중학생 시절. 토요일이라 오전 수업만 하고 학교 운동장에서 공을 차고 왔더니 배가 얼마나 고프던지. 때마침 대식구를 건사하느라 끼닛거리가 동이 난 어머니가 대청 들보에 걸린 소쿠리에서 꽁보리밥을 풋고추와 함께 내놓았다. 배가 등짝에 붙을 정도여서 쌀밥, 보리밥 가릴 처지가 아니었다. 시커먼 보리밥을 차가운 물에 말아 된장을 찍은 풋고추와 곁들여서 순식간에 한 그릇 뚝딱 해치웠다. 요즘은 보리밥이 몸에 좋다고 일부러 보리밥집을 찾아다니기도 한다지만, 그 시절 생각하면 짠한 마음에 격세지감

마저 든다.

　돌이켜 보니, 어머니가 해 준 음식들이 바로 참살이 음식이 아닌가. 그때는 하루하루 끼니를 때우려고 먹었는데, 지금은 그런 먹거리들이 건강하게 장수하는 비결이 되었다. 덕분에 잔병치레 없이 살고 있으니, 어머니는 내 생애 최고의 셰프다.

어머니의 반려견

"망망"

오늘도 어김없이 뒷산에서 개 짖는 소리가 들려온다. 새벽같이 운동 나온 동네 어르신의 반려견이 내는 소리다. 운동하다 몇 번 마주친 적이 있는, 흰색 털에 똥그란 눈망울로 산책길 할머니들의 귀여움을 독차지하는 포메라니안 종이다.

지금은 사정이 다르지만, 나도 한때 개를 무척이나 좋아했다. 내 곁을 스쳐 간 것만 해도 여섯이나 된다. 어릴 적에는 덩치가 큰 세퍼드 반종을 키웠다. 중학생 때는 누런 잡종견을, 군대 가기 전까지는 하얀 털의 스피츠 종과 점박이 무늬가 있는 사냥개 달마시안을 키웠다. 나중에는 스파니엘 계통의 자그만 개도 어린 아들딸 곁에서 뛰놀았다. 이 중 누런 잡종견이 제일 기억에 남는다.

중학생 시절, 남부민동에서 셋방살이할 때였다. 하루는 어머니가 전에 살던 동네에서 노란 복슬강아지를 하나 얻어 왔다. 진돗

개 혈통인데, 약으로 쓰려고 땅개와 교배를 해서 태어난 잡종이라고 했다. 집에서 키우던 개는 잡아먹기가 그렇다고, 우리가 대신 키워서 새끼를 낳으면 모견母犬은 다시 돌려주기로 했단다. 당시에는 보신탕의 성행으로 이런 일이 다반사였다.

목형 일을 하는 큰형이 나무판자로 얼른 뚝딱 개집을 만들어서 마당 한쪽 석류나무 밑에 두었다. 작은형이 영화에서 이름을 따와 '벤허'라고 명명했다. 흔해 빠진 복실이, 해피, 메리와 다르게 작명한 것인데, 암캉아지의 이름으로는 어딘가 어색했다. 우리는 발음을 부드럽게 하여 고상하게 '베느'라고 불렀다.

요즘 뒷산에 운동을 가면 이런 현수막이 여러 곳에 붙어 있다.

"반려동물 동반 산책 시 유의사항 – 목줄과 인식표를 꼭 착용시킨 후 산책하고, 배설물은 배변봉투를 이용하여…."

이렇게 현수막을 붙여 놓아도 배변 처리를 제대로 하지 않아 길옆에서 악취가 심하게 나는 경우가 있다. 반려동물의 수가 인구의 1/3이라고 한다. 그만큼 반려동물이 생활의 일부가 되었다는 뜻이다. 반려견이 사회의 일원으로 대접받으려면, 견주의 공공질서 의식부터 개선되어야겠다.

베느는 긴 양철 지붕 밑에 세 들어 사는 다섯 가구원 모두에게 사랑을 듬뿍 받고 자랐다. 세월이 흘러 어느덧 어미가 될 기회가 찾아왔다. 어른들은 이를 암내 낸다고 했다. 어머니는 아무 개나 교배하면 안 된다고 목줄 단속을 심하게 했다. 특히 다리가 짧은 땅개 종류는 질색이었다. 마침, 겉보기에도 튼실해 보이는 갈색 털의 잡종 개가 집 주위를 맴돌았다. 베느도 싫은 기색이 없어 짝으로 정해졌다.

성에 엄격하고 내밀하던 시절, 개들의 행위는 아이들뿐만 아니라 여인네들에게도 좋은 구경거리였다. 짝짓기를 끝낸 수캐가 황급히 뒤를 수습하며 내빼자, 아이들은 돌팔매질하며 야유하고 동네 아주머니들은 길게 감탄사를 내뱉었다. 현관 마루 밑으로 거처를 옮긴 베느는 2개월 후 일곱 마리의 포실한 새끼를 출산했다.

우리는 마루를 오르내릴 때마다 어미 개를 자극하지 않으려 무던히 애를 썼다. 육아에 힘쓰던 어미가 새끼를 자꾸 떨쳐 낼 무렵, 어머니는 베느의 젖꼭지에 보라색 약을 구해다 발랐다. 이런 과정을 거쳐 대충 젖먹이를 끝내자, 새끼들이 하나둘 어미 곁을 떠나갔다. 먼저 암캉아지 한 마리가 수캐 주인에게 무상으로 보내졌다. 시차를 두고 똘똘한 강아지 세 마리가 분양되어 나갔다. 이제 그런저런 새끼들만 남았을 즈음, 어머니는 베느와 헤어질 마음의 갈무리를 시작했다. 생선 머리도 삶아서 먹이고, 털이 곱게 보이도록 뜨끈한 물에 목욕도 시켰다. 그러고는 살며시 머리를 쓰다듬으며 '부디 좋은 데 가라'라는 말을 수없이 되뇌었다.

동생 둘이 한 시간 반 남짓 거리에 있는 대신동으로 베느를 끌고 갈 채비를 한다. 대신동은 나의 안태고향이다. 베느가 돌아갈 곳도 어릴 적 내 친구네 집이다. 동생들은 베느에게 먼저 목줄을 채우고, 길을 가다가 버티면 유인할 간식거리도 챙겼다. 베느는 동생들이 앞장을 서자 아무런 의심 없이 꼬리를 흔들며 재바르게 떠나갔다. 나중에 돌아온 동생들 이야기로는 군데군데 오줌으로 흔적을 남기기는 했지만, 별다른 저항 없이 순순히 따라갔다고 한다.

보름쯤 지났을 무렵이다. 이른 아침, 어머니가 일어나 현관문을 열자, 마루 밑의 새끼들이 한꺼번에 우르르 뛰쳐나갔다. 곧이어 베느가 새끼들을 달고 집 안으로 득달같이 달려들었다. 그러고는 "끼잉, 끼잉" 하는 희한한 소리를 내며, 마루 위로 올라갔다가, 어머니 치마 밑으로 들어갔다가, 막판에는 오줌까지 찔끔거리며 마구 뒹굴었다. 기뻐서 어쩔 줄 몰라 하는 몸짓이 생生의 환희 그 자체였다.

가족들이 모두 뛰쳐나와 베느의 귀환을 반겼다. 가만히 살펴보니, 얼마나 고생을 심하게 했던지 삐쩍 마른 몰골에 털이 엄청나게 빠졌다. 목에는 철삿줄로 옭아맨 상처까지 나 있다. 나중에 들은 이야기를 조합하면, 베느는 동생들과 헤어진 그날부터 낑낑거리며 발버둥을 치고 아무것도 먹지 않았다. 결국 이튿날 저녁에 목줄을 끊고 바람처럼 사라졌다. 그렇다면 열흘이 넘는 기간을 어떻게 지냈던 것일까? 아마 찾아오는 동안 어딘가에 붙잡혀 있다가 2차로 탈출을 감행했을 것으로 추정된다. 비록 진돗개의 핏줄을 반밖에 물려받지 못했지만, 주인인 어머니를 향한 일편단심은 소문난 명성 그대로였다. 그렇게 베느는 제2의 견생犬生을 살았다.

시대가 바뀌어 요즘 견주犬主들은 반려견을 마치 자식처럼 대한다. 베느를 대신동으로 끌고 갔던 동생은 늘그막에 토이 푸들을 키웠다. 동생이 외출했다 집에 오면 한결같이 반기며 기쁨을 주었다. 푸들이 노쇠하여 골골거릴 때는 지극정성으로 보살폈고, 수명이 다했을 때는 화장하여 유골함을 잠시 집에 두고 기렸다. 이들은 전생에 어떤 덕德을 쌓았길래 현생에 이런 관계로 만났을까?

나를 스쳐 간 견공犬公들도 다음 생엔 부디 귀한 인연因緣으로 만났으면 좋겠다.

점괘와 글 길

나이가 들면 매사가 힘겹다. 일상도 그럴진대 새로운 일은 더하다. 요즘 매진하는 수필이 그 맞잡이다. 이 일은 시작부터 고난이다. 한글 맞춤법부터 글의 구성까지, 기본이 안 되면 한 발짝도 더 나아갈 수가 없다. 주위에서 격려는커녕 돈도 안 되는 수필을 왜 하냐고 은근히 기를 꺾기까지 한다. 정말 수필은 왜 할까?

오래전 내가 쓴 〈삶의 흔적〉이라는 수필에는 그 이유를 두 가지로 든다. 하나는 "호랑이는 죽어서 가죽을 남기고 사람은 죽어서 이름을 남긴다虎死留皮 人死留名."라는 속담을 들며, 하나뿐인 아들의 비혼 선언으로 대가 끊길 것 같아 스스로 이름을 남기기 위해 쓴다고 한다. 또 하나는 나와 인연을 맺은 소중한 분들의 이 세상에 왔다 간 발자취를 기록하기 위해 바지런히 책상머리에 앉는다고 한다.

요즘 생각하니 그게 다가 아니다. 우선 숱한 퇴고의 과정을 거친 분신과 같은 작품으로 스스로 존재감을 드러내려는 면을 빼놓을 수 없다. 또한 어느 집단에 소속된 연대감을 통해 심리적인 안정을 기하려는 의중도 참고해야겠다. 수필을 구실 삼아 양질의 독서와 철학적인 사유를 하는 것도 얼마 남지 않은 여생을 풍요롭게 하는 데 도움이 된다. 그 외에도 이유는 차고 넘친다.

 수필의 길로 들어선 지 벌써 8년째다. 연전에 책도 한 권 냈다. 누구의 평에 의하면 내 글은 전업 작가의 글이 아니라서 세련돼 보이지 않는다고 한다. 아마 다양하고 유려한 문장으로 꾸며 내지 못한 서투름과 신변잡기가 주는 가벼움을 에둘러 표현한 것이리라. 하지만 수필에 입문하지 않은 일부 독자들에게는 내 글이 많이도 편한 모양이다. 그들의 일성은 재밌어서 한 방에 읽었다는 이야기가 주를 이룬다. 어떤 이는 꼭 자기 이야기를 하는 것 같아 두 번 읽었다는 이도 있다. 미숙하다는 평은 들었지만, 난 여기에 만족한다.

 생전의 어머니는 집안일이 뜻대로 풀리지 않으면 점집 이곳저곳을 순회했다. 그때마다 곁다리로 받아 든 내 단골 운세는 판검사가 될 사주팔자였다. 여기서 점쟁이들이 놓친 게 하나 있다. 내가 주변 환경에 유독 심히 휘둘리는 나약한 정신력을 가졌다는 사실이다. 공교롭게도 인생의 중요 순간마다 가족 중 누가 큰일을 저질러 주변을 잔뜩 어지럽혀 놓곤 했다. 나에게는 그 고비를 뛰어넘을 끈기와 강단이 없었다. 이런 사정으로 역경을 이겨 내지 못한 나 자신이 항상 부끄럽고 아쉽기만 했다. 나중에 공무로 국가소송과 행정소송 업무를 맡게 되어 검사를 대리하여 법원을 뻔질나게 출입하였으니, 은연중 족쇄 같았던 점괘가 전혀 엉터리는 아니었다는 생각은 든다.

나이가 들어 그 사주가 도저히 성립할 수 없는 상황이 됐을 때 받아 든 운세는 중 될 팔자였다. 몇 곳을 가도 그렇게 나온다고 했다. 무신론자였던 나는 별난 돌팔이도 다 있다고 코웃음만 쳤었다. 한데 희한하게도 어느 순간부터 스님은 어떤 숙명처럼 내 뇌리 한 곳에 떡하니 자리를 잡고 있었다.

근자에 대하소설《길 없는 길》을 읽을 기회가 닿았다. 구한말 인간 부처라 칭해지는 고승 경허의 삶을 재조명한 소설이다. 총 네 권짜리 소설이 던지는 '경허'라는 화두 중, 충청남도 서산 청장사에서 보임 생활을 하고 있을 때의 일화는 큰 깨달음으로 남는다.

하루는 경허가 자신의 어머니를 위한 특별법문을 한다고 대중을 모아들였다. 스님은 수많은 청중이 지켜보는 가운데 어머니 앞에서 옷을 벗어 벌거숭이가 되는 해탈법문解脫法問을 펼친다. 어머니는 무슨 심오한 설법을 잔뜩 기대하고 있다가 이 해괴망측한 짓을 보고 크게 노하여 자리를 박차고 나갔다. 이를 보고 '변함없는 하나의 같은 몸에 어머니의 두 개의 다른 눈'이라는 혼잣말은 내가 처음 수필을 접하면서 가졌던 순백의 마음을 돌아보게 한다. 책을 읽으면 읽을수록 끝을 가늠할 수 없는 구도의 길과 업보처럼 하얀 여백을 쉼 없이 글로 채워야 하는 수필의 길이 일맥상통한다는 느낌을 강하게 받았다.

　작가 최인호는 가톨릭에 귀의하여 세례까지 받았다. 그가 《길 없는 길》을 집필하고 난 뒤 흉중을 털어놓은 말이 '나는 스님이 되고 싶다'였다. 경허에 빠져들어 공공연히 가톨릭적 불교주의자를 자처한 것이다. 나도 덩달아 사주팔자에서 정해진 불교적 수필가의 길을 걷고 있다는 묘한 동질감을 느꼈다.

　근래 책을 읽으면서 울컥하는 경우가 잦다. 조금만 감성적인 글귀를 대하면 울림통처럼 즉각 떨림소리를 낸다. 어떤 때는 감정이 지나쳐서 한참 동안 꺽꺽거리기도 한다. 조금 부끄럽기도 하지만, 이게 다 마음의 결이 깊어졌기 때문이리라. 그 여파인지 유명 여류작가의 《엄마를 부탁해》란 소설을 읽으면서, 말년에 자식들 집을 전전하던 어머니 생각에 몇 번씩이나 흐느꼈다. 어쩌면 글을 이렇게 감동적으로 쓸 수 있을까? 내가 가야 할 남은 길이 한없이 멀게만 느껴진다.

　글 길은 내가 좋아서 나선 길이다. 이왕 선택한 길, 초심을 잊지 말고 끈기로 뚜벅뚜벅 걸어가야겠다. 아울러 내가 쓰는 수필은 연륜과 진솔한 마음이 한껏 담긴 글이었으면 좋겠다. 읽고 나면 뭔가 울림을 주는 그런 여운이 남는 글이라면 더할 나위 없겠다.

신동의 조건

나이가 드니 본새가 말이 아니다. 자글자글 잔주름에 머리숱은 허전하고, 검버섯도 한가득이다. 근래는 무릎까지 삐걱거리며 애를 먹인다. 머릿속도 상태가 안 좋기는 매일반이다. 사물의 이름을 몰라 "저 저" 거리며 수시로 맴을 돌고, 화장실 사용 후 소등하지 않아 타박 맞기 일쑤다. 심지어 손안에 든 물건까지 찾아 헤매니, 이놈의 건망증은 일말의 얌통머리마저 방기한 지 오래다.

"행님, 혹시 멘사 회원인가요?"

이종 동생이 내 수필집을 읽고 생뚱맞은 문자를 보내왔다. 어린 시절을 어찌 그리 생생하게 기억할 수 있느냐는 다소 낯간지러운 글을 덧붙이면서다. 멘사Mensa라? 긴가민가하여 급히 검색창을 연다. '전 세계 수재들의 모임'이라고 한 줄로 축약되어 있다. 얼른 거북한 사태를 수습하기 위해 쌩하니 댓글을 달았다.

"동생! 요즘 가까운 일은 잘 잊어버리고 옛날 일은 명경처럼 기억해 내는 걸 보니, 멘사는 아니고 치매 증세가 쪼깨 있는 갑다."

수년째 씨름하던 작품집을 출간하고 나니 마음이 더없이 자유롭다. 모처럼 인근의 도서관을 느긋한 발걸음으로 찾아 나선다. 팬데믹 시국에도 빈자리가 없을 정도로 성황이다. 한국문학 서가에서 제목이 좋아 얼떨결에 고른 책이 조선은 물론 한국사를 대표하는 성군 시대의 이야기다. 엄중한 신분 사회에서 관노 출신인 장영실을 중용하여 과학의 발전을 이룬 세종. 이 소설도 정상적이지 못한 신체를 가진 이가 장원급제를 하면서 갈등의 골이 깊어만 간다.

사대부들이, 지존께서 계시는 궁궐에 어찌 낙타를 닮은 이를 들일 수 있겠냐며 등용을 극렬하게 반대한다. 재능 있는 인재를 찾아낸 세종의 의지는 더욱 굳건하다. 사람의 바탕이 중요하지 신체적 결점이 뭐가 그리 중요하냐며 승정원에 명하여 기어이 발령을 낸다. 통쾌함에 가슴이 다 저릿하다. 등 굽은 소나무를 소재로 한 작가의 글솜씨가 보통이 넘는다. 읽는 내내 세종의 여민동락與民同樂하는 마음에 진한 감동이 밀려온다.

세종의 여러 업적 중에는 천재성을 유감없이 발휘한 문화유산이 있다. 발성기관과 천지인天地人의 모양을 본뜬, 우리 민족이 세계에서 가장 과학적인 문자를 갖도록 한 훈민정음 창제가 그것이다. 천재는 천재를 알아본다고 하던가. 그런 세종에게서 신동으로 인정받은 이가 있다.

김시습金時習. 생육신의 한 사람으로 우리나라 전기체傳奇體 소설의 효시인 《금오신화》를 지은이다. 그의 재능은 어렸을 적부터 도드라졌다. 세 살에 외조부에게 글자를 배우기 시작하여 5세에 이미 한시를 지을 줄 아는 신동神童으로 불렸었다. 세종이 소문을 듣고 승지를 시켜 시험하고는 장차 크게 쓸 재목이니 열심히 공부하라고 당부하며 선물을 내렸다. 그 이후로 다섯 살 때 이미 문리에 통달하였다는 '오세五歲'라는 별호를 얻게 되었다. 일설에는 선물이 비단 50필이었는데 다른 사람의 도움 없이 홀로 집으로 가져가라고 명하였는바, 별거 아니라는 듯 즉석에서 비단을 서로 묶어서 엄청 길게 하고는 질질 끌면서 가 버렸다고 한다.

　요즘 텔레비전에는 국악 신동, 트로트 신동, 댄스 신동이라 불리는 어린이들을 자주 접한다. 이런 특출한 아이도 제대로 관리하지 않으면 점점 총기가 사라져서 범인凡人으로 전락해 버린다. 그래서 신동의 곁에는 대개 극성 어머니가 함께한다.

　될성부른 자식을 향한 열성 어머니의 본보기는 셀 수도 없이 많다. 주관적 시각이지만 대표적인 한국 어머니 셋을 추려 본다.

　첫째는 '오성과 한음'으로 유명한 이항복의 어머니다. 오성은 어렸을 때 장난이 심하여 아무도 말릴 수가 없었다. 어느 날 작심한 어머니가 소복을 입고 머리를 풀어 헤친 채 사당 앞에 가서 조상에게 자식을 잘못 가르친 죄를 빌었고, 이를 본 아들은 어머니가 죽으려 하는 것으로 알고 깜짝 놀라며 용서를 빌었다. 이에 "충분한 인격과 교양을 갖추지 못하면 일개 한량이 될 뿐 장래 큰 재목이 될 수 없다."라고 간곡히 말한바, 대오각성大悟覺醒 학문에 정진하여 조선 중기의 명신이 되었다.

둘째는 《동야휘집》에 수록된 조선의 명필 한석봉의 어머니다. 공부하는 중도에 돌아온 아들에게 호롱불을 끄고 떡을 고르게 썰어 석봉을 깨우치게 했다는 이야기는 익히 알려진 야담野談이다.

마지막은 세계에서 최초로 모자가 동반 화폐 인물로 선정된 이율곡의 어머니다. 여성은 고향 이름이나 성씨로만 불리던 시절에 스스로 호를 지어 부르던 사임당. 조선의 천재 학자인 이율곡뿐만 아니라 7남매를 훌륭하게 키워 낸 극성 어머니의 징표徵標라 하겠다.

딸은 어릴 적부터 매사에 지기 싫어하고, 악착같은 성격에, 남한테 인정받기를 좋아했다. 요즘 인스타그램에 글 올리는 걸 보면 자식 자랑이 도를 넘는다. 손자가 저 극성을 어떻게 견뎌 낼까, 걱정부터 앞선다.

어린이집 가정통신문을 통해 알게 된 내용이다. 손자 녀석의 머리를 파마해서 보냈더니, 이 방, 저 방, 온 원내를 휘젓고 다니면서 자랑이 난리가 아니더란다. 참 엉뚱한 놈이라고 신기해하다가 나도 모르게 탄식이 절로 터져 나왔다.

"햐, 저 녀석은 나중에 제 엄마보다 더할 놈이로세!"

근자에 아내에게서 들은 이야기다. 세 살짜리 손자에게 무심코 혼자 들기에 버거운 물건을 가져오라고 시켰더니, 상자째 뒤에서 줄줄 밀면서 오더란다. 녀석의 '오세'가 벌써 기대되는 이유다. 또한 음악 소리만 나오면 엉덩이를 실룩거리며 리듬을 타는 게 세간의 댄스 신동 못지않다. 거기다 별난 제 엄마까지 옆에 떡 버티고 있으니…!

이런 기대 섞인 생각은 대다수 할아버지, 할머니들이 그렇듯 녀석이 자라면서 점차 희석되어 갈 것이다. 그래도 영원히 변치 않을 게 하나 있다. 손자가 끝까지 최선을 다해 후회 없는 삶을 살았으면 하는 애틋한 마음이다.

기러기 할배

코로나가 감기처럼 풍토병화하고 있다. 영원히 지속될 줄 알고 심적으로는 아예 포기 상태에 있었는데 얼마나 다행인지 모른다. 이 이야기는 코로나가 최고조에 달했던 2022년 3월의 세태를 담은 글이다. 서사로 남기는 이유는 또 다른 어려움이 닥쳤을 때, 꿋꿋이 버텨 낼 힘을 얻기 위해서다.

난리다. 세상이 온통 오미크론의 활갯짓에 아수라장이다. 주간 누적 확진자 수가 세계 1위를 기록하고, 사망자 수는 연일 최다 기록을 경신하고 있다. 수도권과 일부 대도시에서는 화장터를 못 구해 애를 태우고, 다른 병에 걸려도 입원이 안 된다.

손자가 다니는 어린이집에도 확진자가 발생했다. 밀접 접촉자로 분류된 손자를 비롯하여 딸네 부부, 돌보던 아내까지 선별검사소 신세를 졌다. 아내는 PCR(유전자증폭) 검사까지 받았다. 모두 음성이 나왔지만, 가족 간의 전파는 속수무책이라는 생각이 들었다.

그 후로 지레 겁을 먹고 출근하는 딸 부부 외에는 집 안에만 갇혀서 지낸다.

한때, 그룹 부활의 리더 김태원은 '국민 할매'로 불렸었다. 텔레비전 〈남자의 자격〉이라는 프로그램에서 꽁지머리를 묶고 힘이 빠진 듯 흐느적거리는 모습이 꼭 나이 많은 할머니 같다 하여 붙여진 애칭이다. 자식을 위해 장기간 '기러기 아빠'로 지낸다는 사연도 분명 한몫했을 테다.

기러기는 가을에 한국에 왔다가 봄에 시베리아, 알래스카 등지로 날아가는 겨울 철새이다. 가족을 이끌고 원거리 비행을 마다하지 않는 당찬 기러기가 왜 힘이 빠지고 안 돼 보이는 남자의 대명사가 되었을까? 기러기는 자기 짝 외에는 다른 기러기에 한눈을 팔지 않는다고 한다. 자식이 외국으로 공부하러 떠나고, 아내마저 뒷바라지를 위해 따라가 버리면 남편은 홀아비 신세와 진배없다. 그런데도 오롯이 혼자 밤낮을 버텨 내야 하니 얼마나 외롭고 쓸쓸할까?

그게 아니라도 기러기는 이미 우리에게 슬픈 이미지로 각인되어 있다. 아이들이 손잡고 '쎄쎄쎄' 하며 부르던 "아침 바람 찬바람에 울고 가는 저 기러기⋯."에도, "엄마 구름 애기 구름 정답게 가는데 아빠는 어디 갔나 어디서 살고 있나⋯." 하는 이미자의 '기러기 아빠'와 박목월 시인의 "기러기 울어 예는 하늘 구만리⋯."에서도 기러기는 변함없이 가련하고 처량한 신세를 상징한다.

딸네 집과 우리 집은 거리가 만만찮다. 차를 몇 번씩이나 갈아타는 번거로움에 아내는 딸 부부가 출근하면 홀로 남게 되는 손자를 위해 숫제 그곳에서 산다. 덩달아 나도 주중에는 외기러기 신세가 되었다. 기러기 아빠 시절도 경험하지 못한 내가 늘그막에 '기러기 할배'가 된 셈이다.

기러기 할배는 만사를 스스로 해결해야 한다. 끼니가 그렇고, 빨래며 청소, 재활용 쓰레기 처리가 그렇다. 아비의 이런 상황을 안타까워하는 딸은 수시로 전화를 걸어 안부를 묻고 나름 살뜰히 챙겨 준다. 되돌아보면, 주말부부로 지내던 시절에는 왜 그렇게들 야멸차고 인정머리가 없었던지.

50대 초반, 울산으로 발령받아 독신자 숙소에서 지낼 때였다. 주중 외기러기였던 나는 주말이라 부리나케 집에 왔지만, 아내가 아파트 주부들의 계 모임에 가 버리고 없었다. 혼자 끼니를 해결하고 난 뒤에도 한참을 지나서야 나타난 아내가 대뜸 한다는 말이, 주말부부로 산다니까 모두 부러워하더라고 한다. 그 나이에 주말부부가 되는 게 전생에 나라를 두 번은 구해야 누릴 수 있는 복이라며 축하하더란다. 그렇다면 나는 나라를 과연 몇 번이나 구해야 이런 찬밥 신세를 면할 수 있으려나?

부산으로 복귀한 어느 날, 온 가족과 함께 저녁 식사를 할 때였다. 모처럼 밥상머리 교육을 한답시고 여고생이던 딸에게 몇 마디 했더니 대번에 "아빠, 울산으로 다시 가!"라지 않는가. 참으로 무안하고 난감했다. 주말부부는 나만 힘들었지, 나머지 가족들에겐 하늘이 내린 축복이었음이 분명했다.

요즘 단독 세대가 늘면서 혼밥, 혼술, 혼행, 혼영(映)도 다반사일뿐더러 기러기 아빠, 기러기 삼촌, 기러기 할배도 많아졌다. 한데 아무리 반복해 주절대 봐도 기러기 엄마, 기러기 이모, 기러기 할매 하면 어감이 어색하다. 기러기는 암수가 있지만 뒤에 수컷을 나타내는 호칭이 붙으면 곱으로 처량한 신세가 되어 버린다. 그중에서도 기러기 할배는 더 짠하다.

일전에 진화생물학자가 사견임을 전제로 곧 코로나 사태가 끝날 것 같다고 한다. "바이러스끼리도 경쟁적 진화를 하는데, 처음에는 강한 놈이 숙주를 막 죽이고 득세하다가 전파가 잘 안되니까 사그라지고, 나중에는 걸렸는지도 모를 것 같은 약한 애들이 남는다."라고 한다. 실질적인 위드(with) 코로나 시대가 도래한다는 이야기다. 그렇게만 된다면, 가족 간의 전파를 우려하여 주말에도 불시에 기러기 할배가 되는 신세는 면할 수 있으리라.

요즘 텔레비전의 영화 채널에는 〈우주 전쟁〉이라는 공상 과학물이 몇 번이고 재탕되고 있다. 지구를 침공한 외계인이 천하무적의 위세를 떨치다가 감기 같은 감염미생물에 전멸한다는 내용이다. 인간을 사지로 몰아넣던 병원균이 극적으로 지구를 구한다는 결말이 아이러니하다. 조지 웰스가 1898년에 발표한 작품이 원작이라고 한다. 한 세기도 훨씬 전에 바이러스 같은 미생물을 지구의 최상위 포식자로 설정한 작가의 예지력이 놀랍다.

2019년 12월에 발생한 COVID-19는 벌써 햇수로 4년째이다. 코로나와 출생 연도가 같은 네 살짜리 손자는 불행과 동행해 온 셈이다. 나이 든 노인들도 운이 없기는 매한가지다. 여행도 다니고, 맛집도 찾아다니며 인생 후반을 멋지게 즐겨야 할 텐데 이러고들 있으니….

요즘 부쩍 우울한 기운이 스며들고, 허무감도 수시로 밀려온다. 노년 우울증에 더하여 장기간 거리 두기의 단절감에서 오는 후유증이 겹친 탓이 크다. 눈에도 보이지 않는, 같잖은 바이러스가 살 날 얼마 안 남은 노인들을 너무 괴롭힌다.

특유재산

손자가 탈이 났다. 어린이집에 다니면서부터 원아들과 수시로 치르는 돌림 행사다. 기침, 발열에 편도선까지 부어서 음식을 잘 삼키지 못한다. 병원에 데리고 갔더니 진단된 병명은 호흡기세포융합바이러스(RSV) 감염증이다. 심하면 폐렴을 유발할 수도 있다고 한다.

아내가 급하게 호출되어 갔다. 그 이후로 병원에서 숙식을 해결하며 옴짝달싹 못 한다. 코로나 여파로 면회도 쉽지 않다. 영상 통화 속의 손자 녀석은 링거액을 꽂은 손으로 별별 짓을 다 한다. 아내가 잠시도 한눈을 팔 새가 없다. 주말쯤 돼야 짬을 내서 집에 올 수 있을 거라 한다. 병실 부족으로 특실, 1인실 등을 전전하고 있어 실비 보험에 들었더라도 병원비가 꽤 나올 것 같다.

어디 착한 흥부도 배가 아플 눈먼 돈 좀 없을까. 성격상 흐지부지될 줄 알면서도 여러 궁리를 해 본다. 정황상 할아비 노릇도 수

중에 돈이 있어야 제대로 할 것 같아서다. 자식들이 다 커서 넋 놓고 있다가 나이 칠십 밑자리에 웬 청승인지.

나는 이재理財하고는 거리가 멀다. 공무원 봉급이 워낙 박봉이라 체념한 탓도 있지만, 한눈팔면 큰일이나 나는 줄 알았다. 우직하게 살아도 못산다면 다 사회 탓이라고 큰소리만 뻥뻥 쳐 댔다. 가진 게 쥐뿔도 없는 주제에 자존심은 강해서 아내가 참 고생을 많이도 했다.

언젠가 삼 형제의 술자리에서 은행 다니는 동생이 100원 경제 논리를 폈다. 100원을 벌어서 90원을 쓰면 10원이 남아서 저축하고, 110원을 쓰면 10원이 모자라 항상 빚에 쪼들리며 산다는 것이다. 자영업을 하여 씀씀이에 규모가 없는 막냇동생에게 매사 분수에 맞게 살아야 한다며 형 차원에서 하는 걱정의 말이다. 가만히 생각해 보니 나한테도 딱 들어맞는 이치다. 그때부터 그게 내 삶의 모토가 되었다.

손자가 퇴원하여 아내가 오는 편에 잠시 들렀다. 머리를 뽀글뽀글 볶아 얼굴에 개구쟁이 끼가 그득하다. 하는 짓이 옛날에 품 안의 그놈이 아니다. 한참을 제 하고 싶은 대로 할아비를 오라 가라 하다가 떠날 때는 뒤도 안 돌아보고 쌩하니 가 버린다. 아무래도 내 손자 바라기는 영원한 짝사랑이지 싶다.

손자가 왔다 간 날 저녁, 난데없이 부동산에서 전화가 한 통 날아왔다. 처가 유산인 2층 주택을 누가 살 사람이 나타났다고 한다. 내놓은 지 꽤 되어서 잊고 지냈더니 근래 시세가 많이 뛰었단다. 그 이후로 머릿속이 바쁘게 굴러간다. 내 바닥난 비자금부터, 아들, 딸, 사위까지 여러 용처를 꼽아 본다. 아내에게 슬쩍 변죽을 울렸더니, 평소 데퉁스러운 말을 해 댄 데 대한 앙갚음이나 하듯 잔소리만 된통 얻어걸렸다. 이른바 민법에서 말하는 특유재산特有財産으로 아내의 고유 재산이라 끽소리도 못 한다. 부부 일심동체라는 말은 벌써 집 나간 지 오래다.

나는 퇴직하면서 남들 다 하듯 아내 몰래 꿍쳐 놓은 돈이 좀 있었다. 그걸 좀 굴려 보려고 나름 공부도 하고, 퇴직 선배 중에 주식 고수가 있어 조언도 들었다. 그 선배의 돈 버는 비법은 간단했다. 주가가 올라가면 팔고, 내려가면 사는 것. 사람의 욕심이 어디 그렇던가? 올라가면 한정 없이 올라갈 것 같고, 빠지면 끝도 없이 추락할 것 같아 번번이 뒷북을 치고 말았다. 불행하게도 요즘 내 형편은 아내의 특유재산에 눈독을 들일 수밖에 없는 처지에 놓였다.

예로부터 돈복은 타고나야지 억지로 구하려 해서는 안 된다고 한다. 태생적, 환경적 요인으로 이재에 어두운 나는 돈 안 되는 명예욕은 엄청나게 강하다. 어릴 때부터 남에게 폐를 끼치거나 이름에 먹칠할 행동을 하지 말라는 선친의 엄격한 가르침이 은연중 한 몫했을 터다. 따지고 보면 이게 나의 유일한 특유재산이다.

그 문제의 유산을 내 의지와 다르게 자식들이 고스란히 물려받았다. 아들은 나를 닮아 고지식하기가 끝이 없다. 초등학교 3학년

때쯤으로 기억된다. 주말이라 평소와 같이 아들을 데리고 인근의 공중목욕탕으로 갔다. 또래의 아이들이 냉탕에 들어가서 헤엄을 치며 한바탕 난리법석을 쳤다. 아들이 이걸 보고 하는 말이 가관이다.

"아빠, 아이들이 너무 시끄러워요. 다음부터는 다른 목욕탕에 가요."

같이 물장구치며 놀 생각은 안 하고 이런 애늙은이 같은 소리를 해 댔으니…. 아들은 큰 덩치에 비해 마음은 한없이 여려서 얻어 터지고는 들어와도 싸움질로 애먹인 적은 없었다. 당연히 이름에 먹칠한 적도 없다.

딸내미는 어릴 적부터 매사 지기 싫어하고, 악착같은 성격에, 남한테 인정받기를 좋아했다. 결혼할 배우자감은 때깔 좋은 외모를 우선으로 하더니, 승진도 뒤지지 않으려고 사생결단이었다. 비록 공부 머리는 없어도 기발한 아이디어로 자기를 내세우는 데는 타의 추종을 불허한다.

이런 엄마를 닮은 네 살짜리 손자 녀석도 과시욕이 만만찮다. 파마한 머리를 여름이라 짧게 깎았더니 삐쳐서 말도 안 하고, 어디 좋은 데 놀러 갔다 오면 그다음 날 어린이집 원아들에게 자랑이 난리가 아니다. 하루는 사위가 손자를 태워 오려고 어린이집 주차장에 차를 대기해 놓고 있었다. 졸래졸래 손자 녀석이 나오더니 제 아빠 차는 거들떠보지도 않고 제일 근사해 보이는 차로 가서는 타려고 문을 잡아당기고 있더란다. 사위가 겨우 달래서 데려왔다고 한다.

　순간, 어떻게 해서든 아내에게 돈을 좀 타 내야겠다는 전의를 다진다. 손자가 타고 다니는 낡은 제 아빠 차를 폼 나는 차로 바꿔주기 위해서다. 별난 손자 녀석을 위해 알량한 자존심쯤은 내팽개친 지 오래다.

※ 아직 집이 매도되지 않아 손자 기 살리기는 현재 진행형이다.

유비무환

아이러니하게도, 죽음이 곧 삶의 화두다.

인간은 예외 없이 죽음이라는 불치의 병을 안고 살아간다. 숨을 쉬는 한 경중의 차이만 있을 뿐이지 한시도 그 시커먼 어둠의 공포에서 벗어날 수가 없다. 이걸 극복해야 삶이 한결 여유로워질 텐데, 그게 뜻대로 마음먹은 대로 되지 않는 게 인생사$_{人生事}$이다. 근래에 우리 부부가 겪은 일이 꼭 그렇다.

아내는 육십 중반을 넘긴 노인네다. 본인은 노인이란 단어에 강한 거부감을 느끼겠지만, 나라에서 '어르신 교통카드'를 지급하고 각종 예방 접종을 무료로 지원하는 걸 보면 사실 관계는 명확하다. 몸도 어느새 적응했는지 유행하는 역병은 거르지 않고 꼬박꼬박 신고$_{申告}$를 한다.

극히 개인적인 영역으로, 아내는 아픔과 죽음에 대한 공포심이 유독 심하다. 예를 들어 건강검진 과정에서 대장 내시경 검사를 하기 전의 상태를 보면, 혈압이 오르고 상은 노랗게 변해 산 사람 같지 않다. 살려고 하는 검사가 생사람 잡게 생겼으니 과연 계속 진행하는 게 맞는가 싶을 정도였다. 다행히 검사에서 작은 용종을 발견하여 더 큰 우환憂患은 면했지만….

올겨울에는 독감이 유행할 거라는 뉴스가 연일 매스컴을 타고 있었다. 이에 대비해 부부 동반 독감 예방 주사를 맞으려고 했으나, 아내가 접종하고 나면 감기 걸리는 것보다 더 부대낀다며 극구 손사래를 치는 바람에 결국 혼자서 맞을 수밖에 없었다. 예전에 코로나 백신 접종으로 심하게 고생하는 모습을 본 적이 있어 그 불합리한 황소고집을 꺾을 수가 없었다.

아내가 주중에 딸네 집에서 손자를 돌본 지도 어언 햇수로 5년이 되어 간다. 몸이 건강의 변곡점을 넘어갈 나이라서 그런지 올해 들어 부쩍 피곤하다는 말을 달고 산다. 어느 날 열과 함께 잦은 기침을 뱉어 내더니 동네 병원에 다녀와도 차도가 없었다. 3주째가 되자 은근히 겁이 났는지 감기를 잘 치료한다는 병원을 물색하기 시작했다. 그렇게 찾아간 병원에서 CT 촬영을 하고 진단받은 병명이 폐렴이었다. 거기다 의사가 빨리 전문 종합병원에 입원하지 않으면 큰일이 날지도 모른다는 말까지 곁들였으니, 겁이 많은 아내는 마음이 급해질 수밖에 없었다.

부랴부랴 아내가 입원하자 가정의 모든 시스템이 무너지기 시작했다. 두 집 살림은 물론이요, 해마다 담그는 김장은 언감생심이었다. 특히 유치원에 다니는 손자 문제로 딸이 골머리를 앓았다. 다행히 입원 나흘 만에 염증 치수가 좋아졌다며 통원 치료로 전환되었다. 약도 항생제를 포함하여 일주일 치를 미리 받아서 나왔다.

기쁨도 잠시. 신체 면역력이 떨어진 상태에서 독한 항생제를 써서 그런지 퇴원한 지 사흘 만에 이상 증세가 나타나기 시작했다. 어깨가 결리고 무릎관절이 어긋난 듯하다며 격심한 고통을 호소했다. 다시 찾아간 병원에서 정형외과 관련 약을 추가로 처방받아 왔다.

이걸 복용하고 이틀째 되는 날이었다. 잠시 외출하고 왔더니 집에서 조리하던 아내가 약에 취했는지, 입술이 시퍼렇게 변하며 온몸에 힘이 다 빠져나간 사람처럼 흐물거리고 있었다. 급히 병원에 전화하니 바로 데려오라고 한다. 차를 타고 가는 중에도 토하고 난리가 났다. 이러다가 아내를 영영 놓치는 게 아닌가 하는 안타까움에 온몸의 신경이 곤두섰다.

늘어진 아내를 부축하여 병원에 도착하니 접수 보는 사무원은 남의 일 보듯 딴 나라 사람처럼 행동한다. 마음은 한시가 급한데 의사를 만나는 대기 시간도 한정 없이 늘어지고 있다. 겨우 의사와 대면하자 원망이 가득한 볼멘소리가 나도 모르게 고성으로 터져 나왔다.

"선생님, 멀쩡한 사람이 갑자기 이러니 화가 많이 납니다!"

의사가 당황하며 곤혹스러운 표정을 짓는다.

어쨌든 다시 입원하여 열흘을 꽉 채우고 나왔다. 2개월여를 고생한 지금은 폐렴에 대해서는 완치 판정을 받았고, 무릎 퇴행성 관절염 치료에만 집중하고 있다.

참, 남편을 짝 잃은 외기러기로 만들 뻔한 아내는 뒤늦게 독감 예방 주사를 맞았다. 물론 접종한 팔이 부어 한 이틀 불편한 것 외에는 특별한 부작용도 없었다. 공교롭게도 대중 매체에서는 독감으로 인한 폐렴 사망자가 급증하여 전국 화장장이 한계치에 도달했다는 뉴스가 보도되고 있었다.

이번 사태를 통해 깨우친 게 하나 있다. 매사 유비무환有備無患이라고, 호미로 막을 일을 가래로 막는 그런 어리석은 짓은 하지 말아야겠다는 생각이다. 아울러 불심이 깊은 아내가 종교적 믿음을 더욱 굳건히 하여 죽음에 대한 지나친 공포에서 벗어났으면 좋겠다.

내일은 아내를 도와 때늦은 김장을 할 예정이다.

조마이섬

을숙도乙淑島는 무성한 갈대숲에 큰고니, 백로 등 철새들이 선계의 몸짓으로 날아와 노니는 생태의 보고寶庫다. 내가 사는 괴정동에서 얼마 떨어져 있지 않아 어린 아들딸을 데리고 단골로 놀러 가던 곳이다. 오늘은 가정의 달을 맞아 명지동의 유명 맛집에서 장성한 아들, 딸과 사위, 손자 등 온 가족이 식사 모임을 하고 귀갓길에 잠시 들렀다.

낙동강 하류에 퇴적물이 쌓여 이루어진 을숙도는 향토 작가 요산 김정한(1908~1996) 선생이 지은 단편소설 〈모래톱 이야기〉의 배경이기도 하다. 그는 경남도청 서기 등 여러 직업을 전전하다가 1947년 이후 부산중학교 교사와 부산대학교 교수를 지냈다. 금정구 남산동 생가 옆에 '요산문학관'을 건립하여 작가의 삶과 문학을 기리고 있다. 모처럼 문향文香이 짙게 배어나는 모래톱에 왔으니, 그 얽히고설킨 이야기들 속으로 잠시 들어가 보려 한다.

소설은 소위 명문 K 중학교에서 교편을 잡고 있던 1인칭 관찰자 시점의 '나'라는 서술자(이하 '화자'로 표기함)가 섬에서 나룻배를 타고 통학하는 건우의 담임을 맡으면서 전개되는 이야기다.

　화자가 건우의 집에 가정방문을 나가기 전에 자기 자신에 대한 작문을 써 오라고 해서 받은 글에는, 살고 있는 섬에 대한 유래가 나온다. 즉, 조마이섬은 오랜 기간 풍상과 홍수를 겪으면서 토사가 밀려와 만들어진 나라 땅이다. 이렇게 소설의 공간이 되는 조마이섬은 생김새가 길쭉한 주머니를 닮았다고 해서 붙여진 이름으로 지금의 을숙도를 말한다.

　화자가 건우의 어머니에게 가정방문 중에 의례적으로 생활 실태를 물어보는 과정에서 재첩 이야기도 나온다. 물론 건우네는 재첩을 건지는 배와 건장한 남자 어른이 없어 재첩을 생업으로 삼을 수가 없다.

　지금은 명맥이 거의 끊겼지만, 재첩은 낙동강 하구가 오염되기 전인 1970년 이전까지만 해도 엄궁과 하단지역의 명물이었다. 이 지역은 민물에서 서식하는 알이 잘고 비린 맛의 재첩과 달리, 민물과 바닷물이 섞이는 기수역汽水域이라 씨알이 굵고 살도 튼실하며 담백한 맛이 일품이었다. 남정네들이 강물에 배를 띄워 긴 대에 철사로 된 틀을 이용하여 강바닥의 모래를 긁어 올리면 모래는 빠져나가고 재첩만 남는다. 이렇게 건져 올린 재첩을 오랜 시간 끓여서 만든 국물이 재첩국이다. 이 국을 아낙네들이 새벽같이 나와서 팔러 다녔다.

　재첩국은 나의 일상에도 일찌감치 스며들었다. 어릴 적 내가 살던 공설운동장 뒤편의 대신동에 새벽이 오면 동네는 온갖 소리로 복작거렸다. 그중 무거운 양철동이를 따배기 놓은 머리에 이고 골목 구석구석을 누비던 재첩국 아지매의 구성진 곡조는 잠결에도 정말 압권이었다.

　"재칫국 사이소, 재칫국!"

　부엌에서 밥을 짓던 어머니가 서둘러 나무 대문을 열고 나가면, 재첩국 아지매는 저만치 동네 어귀까지 가 있다. 어머니가 급히 아지매를 부르고, 기다렸다는 듯 대거리하는 장단이 어찌나 정분이 넘치던지.

　"재첩국 아지매요, 여기 국 좀 주이소."

　"야, 어무이요 갑니더."

　우리는 이부자리에서 비비적거리다가도 뽀얀 재첩국을 먹을 생각에 군침이 돋았다. 물론 어젯밤 술이 과했던 아버지의 간절함에는 비할 바 아니지만….

　그 어머니가 30여 년 전 나의 집에서 숨을 거두고, 대신공원 입구에 있는 D 대학교병원 장례식장으로 모셨을 때다. 밤새 문상객을 응대하느라 후줄근해진 몸으로 새벽을 맞을 즈음, 난데없는 재첩국 아지매가 김이 풀풀 나는 재첩국을 팔러 왔었다. 아내가 챙겨 온 국에다가 밥을 말아 한 숟갈 떴더니 꼭 모래알을 씹은 듯 깔끄럽던 입안이 어찌 그리 시원하고 개운하던지. 춥고 어두운 곳 한편에 염을 하고 누우신 어머니의 생전 손맛 그대로였다.

소설은 결미에서, 당시 낙동강 하구의 모래톱으로 이루어진 섬에 사는 사람들이 큰물이 져서 강이 범람하면 어떤 위험에 처하는지를 여실히 보여 주고 있다. 제자가 걱정되어 강둑길로 나선 화자가 섬에 사는 주민을 우연히 만나 나눈 대화에는, 섬은 초토화되고 남은 건 물바다뿐이라는 내용이 담겨 있다. 결국 9월 새 학기가 되어도 건우는 끝내 학교로 돌아오지 않는다.

이야기는 끝을 맺지만, 짚고 넘어갈 게 있다. 소설은 건우의 아버지가 한국동란에 참전하였으나 생사불명이라 연금을 못 받는다고 되어 있다. 특히 살아 돌아온 사람들 말이라고 하며, 아버지가 낙동강 전선 '워커 라인'이라는 곳에서 전사한 것 같다고 하고 있다. 요즘이야 이 정황만으로도 확인이 가능하여 각종 지원을 할 수 있지만, 당시에는 행정의 미비로 이런 일이 부지기수였다. 국가가 꼭 필요로 할 때 제 역할을 하지 못한 것 같아 관련 부처에 몸담았던 사람으로서 안타깝고 송구스러운 마음 금할 길 없다. 또한 소설 속의 K 중학교는 요산이 근무했던 부산중학교와 쌍벽을 이루던 곳으로 필자의 모교이기도 하다. 이렇듯 〈모래톱 이야기〉에는 나의 지난날이 혼재되어 있어 울컥하고 치미는 감정이 걷잡을 수 없이 북받쳐 오른다.

을숙도를 둘러보고 떠나기 전, 아들딸이 어릴 적 뛰어놀던 곳 인근에 있는 하굿둑 전망대에 올랐다. 소설 속에서 온 천지를 삼킬 듯 그악스럽게 묘사되던 강물이 커다란 장벽을 만나 다소곳이 멈춰 서 있다. 옆을 보니 천둥벌거숭이였던 아들이 어린 조카의 손을 잡고 한껏 해맑은 표정으로 웃고 있다. 순간 아들에게서 아련한 그맘때의 내 모습이 강변에 자욱한 물안개처럼 피어오른다.

제4부
저승 탐방

세상이 왜 이래

엽낭게야 잘 가

문도를 찾아서

순장 애곡

저승 탐방

도롱뇽의 승천

불멸의 명화

둥지

세상이 왜 이래

모든 생명체는 필연적으로 몰歿한다. 코로나라고 무슨 뾰족한 수가 있겠는가. 숙주인 인간계에 무소불위로 군림하더니 역사의 뒤안길로 서서히 스러지고 있다. 이 이야기는 코로나가 한창 날뛰던 때, 즉 경조사가 정상적으로 치러지기 어려웠던 암울한 시기에, 결혼식에 참석하는 하객들의 정경을 담은 일화이다.

조카가 결혼한다고 연락이 왔다. 올해 서른다섯으로 중앙부처 서기관으로 근무하는 우리 집안의 재목이다. 몇 번 연기 끝에 드디어 날을 잡은 모양이다. 결혼식장은 멀리 대전이다. 당사자의 마음고생에야 비할 바 없겠지만, 엄중한 코로나 시국에 부담 가는 통보다.

혼주인 동생의 가족들은 하루 전에 대전으로 올라간다고 한다. 자연스레 내가 하객 인솔자가 되었다. 처음 연락했을 때는 '위드 코로나'로 사회적 거리 두기를 완화할 때라 참석하겠다는 친지들이 많았다. 전세를 낸 45인승 관광버스의 좌석이 부족할까 봐, 지레 걱정할 정도였다. 그런데 느닷없이 등장한 오미크론 변이의 확산으로 참석을 취소하는 사람이 급격히 늘어났다.

나중에는 아들과 아내까지 난색을 표명했다. 아들은 회사에서 매일 직원들 체온 체크를 하는 안전 관리 담당자다. 본인이 전파자가 되면 회사가 일시에 문을 닫아걸어야 하는 절체절명의 위기에 봉착한다는 주장이다. 아내는 돌보고 있는 세 살배기 외손자가 자신 때문에 위험에 노출될 수 있다며 걱정을 어디까지나 늘어놓고 있었다. 고민 끝에 타협을 본 게 참석은 하되 둘 다 식사는 하지 않는 걸로 결론을 내렸다. 동생에게도 미리 양해를 구했다.

결혼식 당일, 서둘러 부산역 앞으로 갔다. 주변을 살펴보니 약속 장소가 버스 정류장과 겹쳐 있다. 차량이 도착해도 주차할 곳이 마땅찮다. 이리저리 궁리하던 차에 기사에게서 급한 연락이 왔다. 딱 정해진 시간에 차량이 도착한다고 한다. 그때부터 일면식도 없는 일부 하객들을 일일이 찾아서 모으기 시작했다. 궁즉통窮則通이라고, 다행히 광장 옆에 붙은 '시티 투어' 승강장을 이용하여 순식간에 탑승시키는 데 성공했다.

차량에 승차한 인원은 모두 열여섯 명이다. 정원의 반도 안 된다. 휴일에 쉬지 못하고 나와서 그런지, 코로나 감염의 공포 때문인지 표정들이 무겁다. 마스크를 두 개 겹쳐 쓴 하객도 여럿이다. 내가 가급적 차내에서는 음식물 섭취를 삼가 달라 부탁하고,

KF94 마스크도 나눠 주고 나니 차내에 팽팽한 긴장감마저 감돈다. 그런 탓인지 올라가는 내내 졸거나 차량에서 제공하는 TV를 보는 침묵 모드다. 3시간여를 달려 결혼식장에 도착하니 딱 숨 돌릴 만큼의 시간이 남는다.

결혼식장은 예상했던 대로 설렁하다. 코로나로 소원해진 얼굴들을 대면하며 잠시 시름을 내려놓는다. 양가 친척들이 단체 사진을 찍을 때는 신부 측보다 우리 쪽 세(勢)가 많이 밀린다. 신랑이 집안의 막내라 고령화된 어른들이 참석을 취소한 여파지만 낯이 좀 뜨겁다. 폐백은 드리지 않는다고 한다. 그야말로 결혼식이 약식으로 순식간에 끝나고 말았다. 일가친척들이 모처럼 만난 자리라서 그런지 아내와 아들이 같이 식사하겠다고 한다. 동생에게 구겨졌던 체면이 선다.

식사를 마치고 대기하고 있던 차량에 탑승했다. 내려올 때는 분위기를 좀 바꿔 보려고 기사에게 나훈아 쇼를 틀어 달라고 부탁했다. 참석한 하객들의 연령대를 고려하여 우연히 청을 넣었던 것인데, 이게 바로 신의 한 수가 될 줄이야. 그날은 해운대 벡스코에서 〈나훈아 AGAIN 테스형〉이라는 콘서트가 열리는 마지막 날이었다. '세상이 왜 이래' 됐는지 궁금한 관객들이 만석인 4,000명이나 꽉 들어찬다고 한다. 정말 코로나도 못 말리는 열정들이다.

기사가 처음에는 영상도 없이 나훈아의 히트곡을 팡팡 울려 댔다. 소음에 지쳐 갈 즈음, '나훈아 그리고 소록도의 봄'이라는

1997년 풀 버전을 틀어 준다. 아기 사슴 모양을 한 소록도. 평생 천형을 지고 사는 한센병 환자들의 한으로 점철된 곳. 25년 전 가황歌皇의 무대에는 마침 봄비가 하염없이 내리고 있었다.

공연 중간 무렵, 간호사의 일상과 신청곡 엽서 등이 소개됐다. 구구절절한 사연에 찡해 오던 가슴이 여성 나환자를 포옹하며 '인생은 미완성'을 부르자 눈가가 촉촉이 젖어 든다. 연이어 "어메 어메 우리 어메 뭣할라고 날 낳았던가"를 시작하자 참았던 눈물보가 한꺼번에 터져 버렸다. 마스크가 축축하다. 미국의 싱어송라이터인 밥 딜런이 노벨문학상 수상자로 선정된 이유를 격하게 공감하는 순간이다. 공연이 끝나는 시간에 맞춰 차량은 김해 장유휴게소에 들어서고 있었다.

차량에 탑승한 하객 중에는 이종사촌 여동생도 있었다. 아내와 소곤대며 이야기하는 소리를 들으니, 이모는 내가 문병차 갔던 요양병원에 아직 입원해 계신다고 한다. 대면 면회가 되지 않으므로 교대로 찾아가서 동생들은 건물 바깥에서 위를 쳐다보고, 이모는 2층 창문에서 아래를 내려다보며 휴대전화로 서로 안부를 묻는다고 한다. 언뜻 드라마에서나 보던, 철창과 유리를 사이에 두고 전화기로 대화를 나누는 교도소의 면회 장면이 연상됐다.

시내에 접어들자 서행하던 차량이 마침내 어둠이 짙게 깔린 부산역 광장에 멈춰 섰다. 하객들을 보니 올라갈 때보다 표정이 한결 밝고 여유롭다. 쇼를 보고 감동을 받아서 그런지, 결혼식 참석이라는 큰 짐을 훌훌 떨쳐 버려서 그런지 알 수가 없다. 마이크를 잡고 선 기사가 안타까운 일성으로 숨 가쁜 여정을 마무리한다.

"옛날 같았으면 노래도 한 곡씩 하고 난리가 났을 낀데…."

하객들을 정중히 배웅하면서, 제발 코로나 감염과 같은 불행한 일이 일어나지 않기를 간절히 기원했다.

※ 제목은 나훈아의 '테스형!' 노랫말에서 따왔다.

엽낭게야 잘 가

요즘은 엔간한 부고^{訃告}에도 무덤덤하다. 야속한 코로나가 빚은 움츠러든 세태의 자화상이다. 한데 딸이 보낸 동영상에는 그럴 수가 없다. 손자가 애지중지하던 게가 죽었다고 손바닥에 올려놓고 울고 있기 때문이다. 아무리 그래도 네 살짜리가 죽음에 대해서 뭘 안다고 저렇게 굵은 눈물방울을 흘릴까?

손자가 어린이집에 다니고부터 얼굴 보기가 힘들다. 딸네 집에서 "손자를 돌봐 주는 엄마도 주말이면 쉬어야 한다."라며 특별한 날이 아니면 집에 데려오지 않는다. 하지만 변수가 생겼다. 딸이 어린이집 여름방학 동안에 친구들과 1박 2일로 여행 계획이 잡혔다. 손자가 하루 밤낮을 온전히 우리 집에서 지내야 한다. 짧지만 특별한 동행이 시작된 것이다.

우선 공룡 마니아인 손자 녀석의 희망대로 암남공원에 있는 공룡을 보러 가기로 했다. 연식이 오래된 소형차를 몰고 급경사가 있는 '감천 화력발전소' 쪽으로 달려가는데 탱크 같은 시커먼 대형 차량이 뒤에 붙었다. 급히 차선을 변경해도 가는 방향이 같은지 곧바로 뒤에 달라붙는다. 손자가 뒤를 돌아보더니 "무서워!"라며 아우성치고 난리다. 아내도 겁을 잔뜩 먹었다. 이 상황에서 어서 벗어나야겠다는 일념으로 평소답지 않게 감천 삼거리의 황색 신호등에 가속페달을 밟았다. 교차로에 들어서자마자 적색 등으로 바뀐다. 뭔가 찜찜하다. 한편으로는 큰 차의 공포에서 벗어났다는 안도감에 가슴을 쓸어내렸다.

  차를 해안가 공영주차장에 두고, 유모차에 손자를 싣고 긴 경사로를 땀을 뻘뻘 흘리며 올라갔다. 암남공원 쪽 해상케이블카 타는 곳에 설치된 공룡 조형물은 거의 실물 크기로 생동감이 넘친다. 거대한 공룡이 입을 쩍 벌리며 요란한 괴성을 지르면, 아이들 대부분은 곧바로 얼음이 된다. 손자가 예전에 처음 왔을 때는 천지도 모를 때라 신기해하더니, 이번에는 아예 유모차에 착 달라붙어서 내릴 생각이 없다. 할 수 없이 그늘진 곳에서 잠시 쉬다가 오던 길을 허무하게 되돌아 나왔다.

  다음 코스는 광복동 백화점에 있는 키즈 카페에 가는 계획이 잡혔다. 목적지로 가니 비슷한 또래의 아이들로 북새통이다. 손자는 제 부모를 따라 다른 키즈 카페도 무수히 섭렵한 탓인지, 마치 물 만난 고기처럼 행동이 날렵하다. 아내와 나는 손자의 동향을 쫓느라 눈이 팽팽 돌 지경이다. 약정된 시간에 맞춰 데리고 나오려 하자 가기가 싫다며 맨바닥에 드러누워서 온몸으로 뻗댄다. 겨우 달래서 간식을 사 주고 오늘의 마지막 장소로 이동했다.

다대포는 물이 탁한 대신 모래가 한없이 부드럽다. 애들이 놀기 좋게 물도 깊지 않고 파도도 잔잔하다. 튜브를 하나 빌려서 태워 놓았더니 혼자서 퐁당거리며 제법 헤엄치는 흉내를 낸다. 너른 백사장은 새끼손톱보다도 작은 게들의 천국이다. 게 종류가 궁금해서 휴대전화로 찾아보니 모래 속 유기물을 섭취하고 깨끗한 모래를 뱉어 내는 일명 갯벌의 청소부 '엽낭게'라고 한다. 내가 게를 발견하여 양손으로 가두고 있으면 손자가 겁도 없이 손가락으로 집어 올려서 통에 담는다. 완벽한 조손祖孫 협업 체계다. 모래성 쌓기를 하다가 조그만 백합 조개도 두 개나 잡았다. 통 안에는 작은 생명체들로 그득하다.

놀이를 끝내고 귀가할 시간이다. 잡은 게를 놓아주려니까 딸내미가 영상 통화를 통해 집으로 가져오라고 한다. 급히 서두르다 물을 쏟아 게 다섯 마리와 조개 두 개만 남았다. 손자는 집에 와서도 게가 있는 통 곁을 떠날 생각을 안 한다. 밤이 되자 엄마가 보고 싶은지 늦게까지 뒤척이다 겨우 잠이 들었다.

아쉽게도 손자가 돌아갈 날이 밝았다. 아침부터 동네 한 바퀴를 돌고 오니 딸 부부가 벌써 와 있다. 제 엄마를 보더니 뽀뽀하고 난리가 났다. 눈물 없이는 볼 수 없는 모자母子 상봉 장면이다. 짠하면서도 서운한 마음이 드는 건 왜일까?

손자가 게와 함께 떠나갔다. 회자정리會者定離라고, 만나면 반드시 헤어짐이 있다더니, 그렇게 간 일곱 생명 중 사흘 만에 조개와 게 두 마리가 먼저 이별을 고했다. 이틀 후 또 한 마리가 움직임을 멈췄다. 동영상으로 부고를 받은 바로 그 작은 게다. 이제 두 마리만 남았다.

아내의 전언에 의하면, 딸은 특수 소금으로 염수를 만들어 수시로 물갈이하고 먹이도 사서 줬다. 퇴근하면 게부터 먼저 챙긴다. 나머지 두 마리의 생존에 온 신경을 곤두세우고 있다. 딸의 말은 게가 죽으니까, 아들이 자꾸 아프다고 한다. 왜 아플까? 어른들은 알 수 없는 어떤 신비의 고리가 자연과 아이들에게 작동하는 모양새다.

손자가 떠나고 며칠 있으니 과태료 고지서가 하나 날아왔다. 녀석의 공포감과 맞바꾼 것이다. 속은 쓰리지만, 다시 그런 상황이 오더라도 또 그럴 거라는 생각이 든다. 그게 손주들을 대하는 모든 할아버지의 마음이지 싶다.

그로부터 넉 달이 지난 어느 날, 아내가 딸네 집에서 게 두 마리를 플라스틱 통에 담아 왔다. 딸이 신경이 쓰여 도저히 더 키울 수가 없으니 왔던 데로 다시 돌려보내 주라고 했단다. 그동안 탈피를 해서 그런지 껍질이 갑옷처럼 두껍고, 각이 딱 잡혔다. 다 커도 갑각 너비가 15㎜ 정도밖에 되지 않는다고 하니 벌써 성체 티가 난다. 같이 가져온 모래를 넣어 줬더니 구멍을 파고 들어가서 꼼짝도 안 한다. 내가 통을 톡톡 두드려 시비를 걸자 다시 나와서는 모래를 조그맣게 동글동글 경단을 만들어 집 주위에 잔뜩 쌓아 놓는다. 하는 짓이 얼마나 앙증맞고 귀여운지. 오히려 내가 키우고 싶을 정도로 정이 갔다.

아쉽지만 이제 헤어질 시간이다. 지하철을 타고 다대포로 향한다. 겨울 초입이라 낮에는 햇볕이 제법 따끔거린다. 친구들이 있는 곳에 놓아주려고 사방을 훑고 다녀도 백사장에는 게 비슷한 족속의 코빼기도 보이질 않는다.

'이 녀석들을 어디에 놓아줘야 환경에 적응하며 잘 살아갈 수 있을까?'

한참을 망설이다 백사장 한편에 두 마리의 게를 내려놓았다. 잠시 주춤하더니 곧 생존 본능을 발휘하여 구멍을 파고 들어간다. 파도가 밀려오자, 그 구멍도 금세 흔적도 없이 사라진다. 애틋한 마음을 담아 작별을 고했다.

'엽낭게야 잘 가. 다시는 잡히지 말고 잘 살아!'

문도를 찾아서

밤새 비가 추적거린다. 내가 몸담은 문인협회에서 봄나들이를 가는데 불청객 비님이 오신다. 조금은 아쉽지만, 우중 여행은 또 다른 멋과 설렘이 있다. 집결지인 P 대학 캠퍼스에 도착하니 부지런한 문우들이 45인승 관광버스를 가득 메우고 있다.

정시에 출발한 차량이 두 시간을 쉼 없이 달려 첫 방문지인 비슬산에 도착했다. 비슬산琵瑟山은 대구광역시 달성군에 소재한 국내 최대의 진달래 군락지이다. 산 정상의 바위 모양이 신선이 거문고를 타는 모습을 닮았다 하여 비파 '琵(비)', 큰 거문고 '瑟(슬)'의 이름이 붙었다고 한다. 북쪽의 팔공산과 더불어 '북팔공, 남비슬'로 일컫는 명실공히 대구의 양대 산으로 자리매김한다.

타고 온 관광버스는 산 아래 주차장에 두고 셔틀버스를 탔다. 차가 꼬불꼬불 굽이진 길을 숨을 헐떡이며 힘겹게 올라간다. 비탈진 산이 깊어질수록 앞이 보이지 않을 정도로 안개가 자욱하다. 불안

한 마음을 헤아리기나 하듯, 노련한 기사가 차를 살살 달래면서 나아간다. 30분 정도를 달려 비슬산 정상 주차장에 도착했다. 비구름과 산안개가 어우러진 세계가 발아래로 광활하게 펼쳐져 있다. 정상 가까이 다가서니 부처님 진신사리眞身舍利를 모셔 놓은 적멸보궁 대견사大見寺가 우리를 맞는다. 석가모니 탄생일을 기리는 연등이 줄지어 매달려 있다. 사찰 앞 3층 석탑 너럭바위에서 기념 촬영을 하고, 돌계단을 올라 참꽃밭으로 향했다.

사통팔달의 목재 데크 길에 올라서니, 아뿔싸! 예년보다 봄이 앞서 온 탓인가? 참꽃문화제가 열린 지 열흘이 조금 지났는데도 벌써 파장 분위기다. 참꽃에 이어서 핀다는 이름의 '연달래'가 곳곳에 연분홍 수줍은 자태로 서 있다. 그나마 조금은 위로가 된다. 즐비한 기암괴석 중에서 기氣를 준다는 바위 앞에는 문우들이 문전성시를 이루고 있다. 나도 부족한 필력筆力을 받으려 우뚝 선 바위를 끌어안고 가슴을 활짝 열었다. 이곳저곳 명소를 찾아 기념 촬영을 하고, 시차를 두고 출발하는 셔틀버스를 타고 하산하였다.

비슬의 향취에 흠뻑 젖은 문우들이 모두 합류하자 다음 코스인 마비정으로 이동한다. 마비정馬飛亭 벽화마을은 달성군 화원읍에 있다. 안내판에 소개된 유래를 보면 "옛날에 어느 한 장군이 마을 앞산에 올라가서 건너편 산에 있는 바위를 향해 활을 쏘고는, 말에게 화살보다 늦게 가면 살아남지 못할 것이라고 했다. 말은 힘을 다하여 재빠르게 달려갔으나 화살을 따라잡지 못했다. 말은 결국

죽임을 당하였고, 이를 본 마을 사람들이 불쌍히 여겨 '마비정'이라는 정자를 세우고 추모하였다."라는 내용이다. 마을 담장에 그려진 옛날 시골 풍경, 추억의 먹거리와 고무줄뛰기, 말뚝박기 놀이 등 세월을 거스르는 벽화들이 줄지어 늘어서 있다. 그림 앞에서 포즈를 취하면, 마치 벽화 속 인물로 착시를 일으킬 정도로 실감 나게 그려 놓았다.

   벽화를 구경하고 오시午時가 되어 황토방으로 된 주막으로 향했다. 오순도순 모여 앉아 주모가 내놓은 맛깔난 메밀전 안주에 동동주를 권커니 잣거니 했더니, 낮술에 취해서 앉은 자리가 바로 신선이 노닐던 곳이 되었다. 옆방의 선남선녀들도 흥에 겨워 젓가락 장단을 맞춘다. 일견 벽화 속 세상이 따로 없다. 모두 자리를 털고 일어설 때는 세속을 벗어난 붉은 선인의 얼굴로 변해 있었다.

   불콰해진 얼굴로 버스에 오르자 40분 거리의 도동서원으로 향한다. 도동서원道東書院은 대구광역시 달성군 구지면 도동리에 있는 서원이다. 도동은 '성리학의 도가 동쪽으로 왔다'는 뜻이다. 조선의 으뜸 유학자로 꼽히는 김굉필을 모신 서원으로 2019년 7월 전국 8개 서원과 함께 '한국의 서원'이라는 이름으로 유네스코 세계유산에 등재되었다.

   서원 앞에는 큰 은행나무가 지주대의 부축을 받고 서 있다. 수령이 400년을 넘긴 노거수로 산전수전 다 겪은 노회한 호위무사의 모습이다. 중정당 뜰 앞으로 우산을 받쳐 든 문우들이 옹기종기 모였다. 때를 맞춰 나타난 해설사에 의하면, 환주문의 높이는 169㎝ 남짓이다. 갓을 쓴 유생들이 문을 드나들려면 자연스레 머리를 숙일 수밖에 없으니 그 자체로 예와 겸손을 몸에 배게 하는 교육 방식이라 한다.

명색이 문학기행인데 학문의 전당에 왔으니 그냥 밍밍하게 끝낼 수는 없지 않은가? 평생교육원에서 문도文道를 지도하는 교수님이 도동서원의 일일 훈장이 되어 제자들의 학업 성취도를 검정한다. 박학다식을 겨루는 '도전! 골든벨'이다. 서당과 서원의 차이와 향교와 서원 중 국립학교에 해당하는 것 등 문제의 난도가 꽤 높다. 문우 중 총명함이 출중한 아홉 분에게 상으로 문화상품권이 주어졌다. 우둔한 나는 서원을 국립교육기관으로 착각하여 중도에 낙방하였다. 어쨌든 모처럼 격의 없는 웃음으로 한마음이 될 수 있었으니, 이것이 바로 문학기행의 참맛으로 여겨진다.

귀가하는 도중에 창녕 남지 유채꽃밭에 잠시 들렀다. 주변의 풍광은 자연 그대로 절세가인絶世佳人에 견줄 만하다. 군데군데 남아 있는 노란 유채꽃과 하늘로 쭉쭉 뻗은 메타세쿼이아 가로수, 낙동강을 가로지르는 근대식 트러스 구조의 남지철교는 상춘객들을 한껏 들뜨게 한다. 때를 맞춰 왔다면 대구 비슬산의 빨간 참꽃과 더불어 환상의 콤비를 이뤘으리라.

일정을 마무리하러 도착한 곳은 부산 인근의 식당이다. 진행팀에서 센스 있게 병과 약을 동시에 준비했다. 해장을 위해 오리탕과 소주가 제공된다. 이 자리에서 우리는 경천동지驚天動地 할 건배사를 듣게 된다. 한 여성 문우가 "체력은 국력이다."를 패러디한 "주력酒力은 필력이다."를 만방에 고한 것이다. 이게 끝이 아니다. 연이어 교수님이 서술어를 주어로 바꿔서 제자들에게 벽력같이 일갈했다.

"필력은 주력이다!"

차는 다시 떠나고, 온종일 비와 술과 춘유春遊의 감흥에 흠뻑 젖은 내 마음에도 필력이 물밀듯이 밀려왔다.

순장 애곡

무릇 산 자는 생로병사生老病死에서 자유로울 수 없다. 아무리 젊고 생동감 넘치는 몸뚱어리라도 시간이 흐르면 늙고, 병들고, 사멸한다. 지구는 변함없이 돌아가는데 홀로 알 수 없는 곳으로 가야 한다면 얼마나 외롭고 쓸쓸할까. 이런 심란한 마음을 달래기나 하듯 단풍이 곱게 물드는 가을이 오면 서둘러 길을 나선다.

이번 문학기행의 목적지는 경북 고령이다. 국내 열여섯 번째로 유네스코 세계유산에 등재된 일곱 개 가야 고분군과 연관된 지역이다. 대가야박물관 입구에 도착하니 중후한 남자 해설사가 우리를 반긴다. 먼저 안내되어 간 곳은 가야의 역사와 문화가 살아 숨쉬는 역사관이다. 가야는 한반도 남쪽에 있던 변한의 열두 개 작은 나라들을 통합하여 세운 연맹 왕국으로, 김해의 금관가야, 고령의 대가야, 함안의 아라가야, 고성의 소가야, 성주의 성산가야, 상주의 고령가야 등 육가야가 흥성하고 쇠망했다.

해설사는 가야에 대한 기록이 없어 신라, 백제, 고구려와 더불어 사국四國의 역사로 남지 못한 점을 못내 아쉬워한다. 그릇들을 늘어놓은 전시실 안에는 유약을 만들 기술이 발달하지 못해 반드레한 도자기 대신 투박한 토기들이 잔뜩 진열되어 있다. 대가야는 후기 가야연맹의 맹주로서 16대 520년간 존속하다가 562년 9월에 신라에 멸망하여 역사의 뒤안길로 쓸쓸히 사라졌다.

다음에 찾아간 왕릉전시관은 외관이 무덤 모양의 돔식 구조로 되어 있다. 실내에 들어서니 꼭 어머니의 품속인 듯 아늑하다. 국내에서 최초로 확인된 최대 규모의 순장 왕릉인 지산동 44호분의 내부를 재현해 놓았다. 왕의 무덤을 가까이에서 볼 수 있게 실내 전망대도 길게 설치했다. 대형 구덩식 돌방과 부장 돌방, 방사형으로 배치된 32기의 순장곽 안에 적어도 37명이 넘는 순장자가 있었다고 한다.

이처럼 고대인은 죽음 이후에도 현세의 삶이 계속 이어진다고 믿었다. 왕이나 귀족 등이 죽으면 저세상에서 자신을 돌보기 위해, 시종을 비롯하여 농부, 어부, 목수, 옹기장이 등 민촌의 일부 백성들도 같이 따라가야 한다고 생각했다. 그렇게 등장한 순장은 불교의 전파에 따라 내세관이 스며든 이후로 사라졌지만, 고분에서 출토되는 부장품을 보면 우리 조상들의 삶에 지대한 영향을 끼쳤음을 알 수 있다.

순장은 그 시절만 있었던 게 아니다. 근래에도 유사한 사례가 계속 이어지고 있다. 일전에 생활고를 비관한 부부가 어린 자식들과 함께 차 안에서 착화탄을 피워 놓고 자살했다는 뉴스를 봤다. 괴로운 심정은 이해하지만, 제대로 피어 보지도 못한 아이들은 당최 무슨 죄란 말인가? 노부부가 치매에 걸린 아내와 함께 자식들에게 짐이 되지 않으려 죽음을 택한 경우나 장애가 있는 자식을 오랫동안 돌보다 힘에 부쳐 동반 자살한 사례는 현대판 순장으로 여겨져 가슴이 아프다.

해설사는 당시 상황을 설명하면서, 지산동 고분에는 순장을 거부한 자가 두 사람 있는 걸로 추정했다. 순장을 순순히 받아들인 자와 달리 후두부를 맞고 죽었는지 머리가 함몰된 흔적이 있다고 한다. 그들은 어떤 안타까운 사연을 간직한 채로 생을 마감했을까? 한창 신혼의 깨가 쏟아지던 신랑 각시는 아니었을지. 할아버지 할머니가 손자의 재롱이 눈에 밟혀 새로운 세상으로 떠나기를 거부했을 수도 있겠다. 남은 가족들을 잘 보살펴 준다고는 했지만, 차마 고령의 부모를 두고 떠날 수 없어 악착같이 뻗댔을지도 모른다.

유명한 고사성어 결초보은結草報恩 또한 순장을 거부한 사례와 궤를 같이한다. "중국 춘추시대에 진나라의 위과魏顆는 아버지가 세상을 떠난 후에 서모를 개가시켜 순사殉死하지 않게 하였다. 그 뒤 싸움터에서 그녀 아버지의 혼이 적군의 앞길에 풀을 묶어 적을 넘어뜨려 위과가 큰 공을 세울 수 있도록 하였다."라는 유래에는 순장을 회피하고 싶은 약자들의 심정이 오롯이 담겨 있다.

우륵박물관을 둘러보는 대신 가까운 거리에 있는 대가야문화누리로 갔다. 가야금 연주를 지척에서 직접 보고 듣기 위해서다. 가야금은 김부식이 지은 《삼국사기》에 의하면 가야국의 가실왕이 만들었다고 한다. 가야금은 깊고 넓적한 몸통 위에 안족雁足, 일명 기러기발이라는 열두 개의 줄받침을 올리고, 그 위에 명주실을 꼬아 만든 줄을 음높이 순으로 얹어서 오른손으로 뜯고 튕겨서 소리를 내는 악기이다. 이때 왼손은 안족의 왼편을 짚고 누르거나 떨어서 길게 여운이 남는 소리를 내는데, 이를 농현弄絃이라고 한다.

연주자가 한복을 곱게 차려입고 나와 앉는다. 먼저 요즘 자주 연주되는 세 종류의 가야금을 놓고 각각의 쓰임새를 조곤조곤 설명한다. 줄이 스무 개가 넘어 몸통을 빼곡히 채운 개량 가야금도 있다. 이어진 '최옥삼류의 가야금산조'는 가슴 깊은 곳의 심금을 울리며 구슬픈 감정에 젖게 한다. 마지막 작별 인사로 연주한 '아리랑'은 현란한 농현 기법의 끊어질 듯 이어지고 꺾어지는 소리가 꼭 지산동 고분의 순장자를 추모하는 애곡哀曲처럼 들려 온몸에 소름이 돋았다.

귀환길에 가야 문화권이었던 함안 생태공원에 들렀다. 들녘이 온통 코스모스와 핑크뮬리의 향연이다. 건너 강변을 뒤덮은 하얀 억새들이 석양의 노을빛과 어우러져 신비의 세계를 완성한다. 순간 가야인들이 가고자 했던 새로운 세상이 저곳일 수도 있겠다는 생각이 얼핏 들었다.

저승 탐방

나는 무신론자다. 당연히 사후 세계를 믿지 않는다. 한데 선친 기일이 다가오면 상황이 돌변한다. 그맘때만 되면 오래전에 이승을 하직하신 아버지가 수시로 꿈에 나타나기 때문이다. 이에 따라 나의 꿈속 공간은 잠시 저승 세계와 혼재한다.

아내에게 아버지가 현몽한 이야기를 했더니, 꿈속의 모습이 어떻더냐고 묻는다. 행색이 초라하진 않았다고 하니까, 다행이란 표정이다. 아내는 아마 기복사상祈福思想을 염두에 두고 꿈풀이를 해봤으리라. 프로이트는《꿈의 해석》에서 꿈은 무의식의 소망 충족 표현이라고 했다. 그렇다면 어떤 의식하지 못한 소망이 고인을 내 꿈속 세상으로 인도하는 것일까?

우리 동기간은 5남 1녀로 내가 아들로는 셋째다. 큰형은 올해 여든다섯으로 치매 증세가 있어 요양병원에 입원 중이다. 큰형과 두 살 터울인 작은형도 중환자실을 수시로 들락거린다. 여러 정황상 어쩔 수 없이 작년부터 내가 부모님 제사를 모시고 있다. 이런 저간의 사정이 꿈으로 재생되어 나타나는 것인지도 모른다.

꿈과 귀신과 저승의 세계. 조선 전기의 문인 김시습이 단편 다섯 편을 지어 엮은 한문 소설집 《금오신화》가 다룬 소재이다. 그중 〈남염부주지〉는 저승 여행을 담은 이야기다. 소설의 주인공을 따라 귀신이 사는 저승 세계를 잠시 탐방하려 한다.

저승 여행의 길라잡이는 경주 사람 박생이다. 그는 유학에 뜻을 두고 열심히 공부하였으나 한 번도 과거에 합격하지 못해 늘 불만스러운 감정을 품고 지냈다. 일찍부터 불교나 무당, 귀신 등의 이야기에 의심을 품고 있었지만, 아직 어떤 결론을 내리지는 못하였다.

어느 날 박생이 한 스님과 대화를 나누던 중, 하늘과 땅에는 하나의 음과 양이 있을 뿐인데 어찌 또 다른 세상이 있겠느냐고 말한다. 이 말은 극락이니 지옥이니 하는 별세계가 따로 없고 이승과 저승은 같은 세상이라는 김시습의 '일원론적 세계관'을 단적으로 드러내는 내용이다. 이게 무신론자인 나의 시각과 은연중 일치한다.

나와 공생하는 불자인 아내가 생각하는 사후관은 이와 다르다. 불교에서는 생명이 있는 것은 여섯 가지의 세상, 즉 육도六道를 윤회한다고 믿는다. 육도는 높은 곳에서부터 천天, 인간, 아수라/축생, 아귀, 지옥의 세계로 분류한다. 이 중 앞의 세 곳은 삼선도三善道로서 뒤의 세 곳 삼악도三惡道와 대비된다. 이러한 세계는 중생이 몸과 말과 뜻으로 지은 업에 따라 윤회하는 곳이다.

　스님 역시 이러한 내용으로 답하였으나 박생은 마음속으로 승복할 수가 없었다.

　하루는 박생이 자기 방 안에서 한밤중에 등불을 돋우고 《주역》을 읽다가 베개를 괴고 얼핏 잠이 들었다. 꿈속에 홀연히 한 나라에 이르게 되었는데 그곳은 넓은 바다 한가운데에 있는 어떤 섬이었다. 그 섬은 낮에는 뜨거운 불길이 하늘까지 뻗쳐 땅덩이가 녹아내리는 듯하였고, 밤에는 차가운 바람이 서쪽에서 불어와 사람의 살과 뼈를 에는 듯하니 몸에 부딪히는 타파吒婆를 견딜 수가 없었다.

　그가 꿈속에서 간 세상은, 사람이 죽은 뒤에 영혼이 심판을 받는 명부冥府와 지옥이 중첩되어 있는 곳이다. 북쪽의 옥초산으로부터 멀리 하늘과 땅의 남쪽으로 떨어져 있어 남염부주南炎浮洲라 부른다. 그곳에서 만난 염라대왕에게 박생이 죽은 자를 기리는 제에 관해서 묻자 염마㑒摩가 탄식하며 말한 내용은 대략 이렇다.

　'사람이 죽으면 혼은 하늘로 올라가고 육신은 땅에 묻혀 근원으로 돌아가게 된다. 비록 정신이 그 당시에는 흩어지지 않았다고 하더라도 결국에는 아무것도 없는 상태로 돌아가게 되니 저승에서 머무르는 일은 아예 있을 수가 없다.' 이와 같이 김시습은 사람이 죽으면 원귀의 형태로 잠시 존재하다가 오랜 기간이 지나면 자연적으로 소멸해서 없어진다는 '합리적 귀신론'을 주장했다.

그렇다면 서구인들은 저승 세계를 어떤 시각으로 보고 있을까? 기독교 문명을 집대성한 단테의 《신곡》에 따르면, 사후 세계는 지옥과 연옥, 천국으로 이루어져 있다. 단테는 지옥의 아홉 개 영역과 연옥의 일곱 단계를 거쳐서 낮과 밤이 없이 광명만 존재하는 천상에 이르러 큰 깨달음을 얻는다. 즉, 주가 창조하신 생명이라는 원소가 자신을 이루어 낸 원동력에 의해 끊임없이 다른 형태로 변화한다는 것이다.

이처럼 불교와 기독교의 사후 세계는 하나의 성분이 다른 형태로 변환하여, 끝없이 돌고 있는 것으로 보고 있다. 현실에서는 산 자가 저승으로 갈 수 없기에 이런 주장은 확인할 길이 없다. 어쨌든 현생에서 잘해야 사후에도 대접받는다는 보편적 진리가 두 종교의 공통적 선인 것만은 분명해 보인다.

박생이 조상에게 제사 지내는 예법에 관해서 묻자, 염마가 답하는 말까지만 듣고 그와 작별을 고하고자 한다.

> "조상에 흠향하는 것은 근본에 보답하기 위한 것이고, (…) 모두 사람들로 하여금 공경을 다하게 하려는 것이지 귀신들에게 형체가 있어서 함부로 인간에게 화와 복을 주는 것이 아니오." (김시습 지음, 이지하 옮김, 《금오신화》, 민음사, 2009)

나는 죽은 자를 기억해 주는 이가 있으면, 그 주검은 죽음이 아니라는 지론을 갖고 있다. 부모님 제사를 지내는 것도 이와 같은 이치다. 아무튼 나는 부모님에 대한 추모의 염念을 아직 거둘 생각이 없다.

※ 소설은 박생이 죽어서 새 염라대왕이 된다는 내용으로 끝을 맺는다.

도롱뇽의 승천

인터넷으로 도롱뇽을 검색해 본다. 불현듯 애들과의 옛날 일이 생각나서다. 설핏 풍기는 이미지가 한국의 애니메이션 영화 〈아기 공룡 둘리〉에 나오는 주인공을 많이 닮았다. 도롱뇽도 둥근 머리와 돌출된 똥그란 눈만 놓고 보면, 둘리처럼 깜찍하면서도 장난기 가득한 악동으로 보이지 않는가?

나는 주말이면 집 뒤에 있는 구덕산 기상관측소까지 산행을 즐겨 한다. 1시간쯤 올라 대신동 고향 동네가 내려다보이는 산마루에 서면, 어릴 때 살던 집 마당에서 머리에 수건을 덮어쓰고 분주히 움직이던 어머니의 모습이 아련하게 떠오른다. 어머니가 떠난 지도 벌써 28년째로 접어들었다.

"선경아! 어이구, 여기가 어디지?"

어머니는 한밤중에 갑자기 비명과 같은 다급한 목소리로 나를 찾았다.

"어머니, 저의 집입니다. 저 여기 있습니다. 진정하세요."

그리고 출근한 지 얼마 되지 않아 아내로부터 어머니가 돌아가셨다는 소식을 전해 들었다. 똥 기저귀 갈아 끼우며 키운 자식들이 여섯 명이나 되건만 마지막 임종 때는 아무도 어머니의 손을 잡아 드리지 못했다.

어머니는 중병을 달고 살았다. 그중에서도 심장비대증이 제일 심각한 지병으로 제대로 눕지를 못했다. 한방에 같이 있기가 고통스럽다는 아버지의 하소연을 견디다 못해 어머니는 우리 집에 와서 지냈다. 그런 아버지도 외로움에 1년을 못 버티고 결국 어머니 곁으로 떠났다.

형제들이 한식 일이 낀 주말에 시골에 있는 부모님 산소에 들렀을 때다. 초등생 아들이 산소 근방 논두렁에서 희뿌옇고 순대처럼 생긴 젤리 형태의 도롱뇽알을 주워서 내게로 가져왔다. 호기심 가득한 눈빛으로 집에서 키우고 싶다고 애원하는 데는 거절할 방법이 없었다. 이미 부화되고 다 빠져나간 허물 덩어리를 가져와서 그런지 수족관에 넣어 둔 알에서 딱 한 마리만 깨어났다. 얼마 후 다리가 나고 곧바로 우리 집의 귀염둥이 '도롱이'가 되었다.

휴일을 맞아 세 들어 살고 있는 집 계단에서 화분을 손보고 있을 때였다. 초등학교 1학년생인 딸내미가 동네 아이들에게 자랑하려고 생기발랄한 도롱이를 바깥나들이 시켰다. 잠시 불안한 마음이 들었지만, 원주인인 아들이 근처에 있어서 그냥 지켜보는 쪽을 택했다. 딸내미는 아이들에 둘러싸여 손바닥 위에서 한참을 어르다가, 아차! 하는 사이에 도롱이를 한여름 펄펄 끓는 아스팔트 위에 내려놓고 말았다.

갈색의 매끄럽고 얇은 피부를 가진 도롱이는 필사적이었다. 한쪽 다리를 들고, 또 두 다리를 동시에 들다가, 나중에는 네 다리를 재빨리 움직이며, 꼭 〈동물의 왕국〉에 나오는 목도리도마뱀처럼 쏜살같이 내달렸다. 그제야 사태의 심각성을 깨달은 아들이 긴급 구조에 나섰지만, 이미 온몸에 입은 화상으로 빈사 상태에 빠진 뒤였다. 다시 수족관에 넣고 회생을 위해 온갖 정성을 다했으나 도롱이는 끝내 유명을 달리하였다. 장례 처리는 온전히 나의 몫이었다. 화장지에 곱게 싸서 현재 내가 사는 아파트 뒷산에 묻어 줬었다.

그런데 왜 도롱뇽을 공룡처럼 '룡'이라 하지 않고 '뇽'으로 칭했을까? 나름대로 생각 한 자락. 그것은 아무리 어린 유생 시절이라고 해도 '개천에서 용 난다'라는 속설에 어울리려면, 자그만 산개구리 따위에게 잡아먹혀서는 안 된다는 것이다.

또한 표준어 규정 제2부 표준 발음법 제19항에는 받침 'ㅁ, ㅇ' 뒤에 연결되는 'ㄹ'은 [ㄴ]으로 발음한다는 내용이 있다. 이에 따르면 도롱뇽을 '도롱룡'이라고 써도 음의 동화 현상에 의해 '도롱뇽'이라고 발음할 수밖에 없다. 그래서 앞에서 언급한 것처럼 '룡'이라고 부르기에는 뭔가 미심쩍은 데가 있어, 공룡과 달리 소리 나는 대로 도롱뇽이라고 이름을 명명한 것이 아닌가 생각한다. 도롱뇽이 옛말 '되룡(16c)'에서 되롱, 되롱룡龍(18c), 도롱룡을 거쳐 도롱뇽(20c)으로 변해 왔으니 전혀 생뚱맞은 이야기는 아니다. 18세기에 잠시 '룡龍'으로 대접받은 사실을 놓친 것 외에는.

한편, 그리스어 사우루스Saurus는 '도마뱀'을 뜻한다. 둘리가 속한 '케라토사우루스'는 코에 잎사귀 같은 뿔이 달려 있고, 눈 위에 작은 두 개의 뿔이 돋아 있어 '뿔 있는 도마뱀'이라는 뜻을 지녔다. 도마뱀과 비슷하게 생긴 도롱뇽도 족보를 따져 보면, 일개 미물이 아니라 공룡의 먼 사돈에 팔촌쯤은 되고도 남으리라.

평소와 같이 주말 산행을 하던 어느 날. 코스를 달리하여 다른 방향으로 난 길을 택했다. 길 중간쯤에는 습지 비슷하게 질척거리는 평지가 있고, 다시 정상으로 올라가는 길 초입에는 조그맣고 얕은 웅덩이가 하나 있었다. 그 웅덩이에 개구리알인지, 도롱뇽알인지를 가늠하기 어려운 알주머니가 여러 개, 떨어진 낙엽과 함께 담겨 있었다. 참 희한한 일이라고 생각하면서도 가던 걸음을 재촉했다.

그리고 또 수 주일이 흘렀다. 그날도 평소와 달리 습지 있는 길을 택했다. 웅덩이에 도달하여 낙엽 밑을 보니 꼭 올챙이 같은 도롱뇽 유생들이 수없이 꼬물거리고 있었다. 그 이후로 산행할 때마다 거기를 들락거렸다. 결론부터 말하면, 그렇게 다녔어도 성장한 도롱뇽은 한 마리도 만날 수가 없었다.

그나마 몇 해간 지속되던 성장기 탐구는 난데없는 훼방꾼이 나타나 일단락되고 말았다. 근래에 그 습지가 온통 진흙밭이 된 것이다. 멧돼지가 진흙 목욕을 했는지 뒤집어져 있고, 옹달샘 같은 웅덩이는 흔적도 없이 사라졌다. 진즉에 유생 한 마리를 잡아 와서 수족관에 넣고 길렀더라면, 딸내미가 속죄할 기회를 가졌을 텐데 하는 아쉬움이 남는다.

이제야 고백하지만, 나는 '도롱이'에게 남다른 마음을 가졌었다. 어머니 산소 근방에서 가져온 것이라, 꼭 어머니가 환생하여 우리 집에 온 것이라는 말도 안 되는 믿음 같은 것. 그래서 도롱이의 죽음을 용龍이었던 본색本色을 찾아서 하늘나라로 날아갔다고 생각한 것이다. 임종을 지키지 못한 불효자의 애달픈 마음을 담아 훨~ 훨.

(1집 《불멸의 명화》에서 발췌)

불멸의 명화

그림으로 시를 쓴 화가. 오늘은 평생교육원에서 모딜리아니에 관해 공부한다. 이번 학기의 강의 주제인 '포스트 휴머니즘 시대의 인간 교실'에 맞춤 교육이다. 연관된 회화 한 점이 단톡방에 올라왔다. 여자가 은밀한 곳의 체모를 드러낸 〈누워 있는 나부〉라는 명화이다. 경매가가 수수료 포함해서 약 1,900억 원에 달하는 판매 당시 세계 미술품 경매 사상 역대 2위의 작품이라고 한다.

혼자 보기가 아까워서 그림값과 함께 퇴직자 모임의 단체 대화방에 올렸다. 모임 회장이 댓글을 달았다.

"저의 눈으로는 도저히 그런 고가의 그림으로 보이질 않습니다."

잔잔한 가슴에 파문을 일으켰으니, 묵묵부답으로 있을 수가 없다.

"모딜리아니가 살아생전에 가난으로 고통을 받은 이유가 그 시절 호사가들의 눈이 딱 우리 수준의 안목 때문이라고 해야겠죠?"

그 이후로 다들 조용한 걸 보니 비싼 그림 감상에 푹 빠진 모양이다.

건립한 지 스무 해가 넘은 아파트가 시시각각 삐걱거리며 늙어가고 있다. 집에서 지낼 일이 많아 은퇴 직전에 큰맘 먹고 내부를 올 수리했었다. 창호는 쓸 만해서 손을 대지 않았다. 그 이후 태풍이 오더라도 유리창에 테이프를 붙이는 정도로 무난히 넘어가곤 했다. 시간이 흐르고, 바람의 강도가 세지면서 상황이 급변했다. 바람이 불면 창문이 통째로 덜컹거리며 비명을 내질렀다. 테이프를 치는 것은 기본이요 창틀 사이에 신문지를 뭉쳐서 끼우기도 하지만 왈캉대기는 매한가지였다. 그러다가 작년 가을에 태풍이 두어 차례 몰아치더니 결국에는 같은 라인의 여러 가구가 앞 유리창이 파손되는 큰 피해를 입고 말았다.

그 이후로 아내의 시름이 깊어 갔다. 유명 제품으로 하자니 수중의 돈으로는 해결이 되지 않고, 돈에 맞추자니 마음이 선뜻 안 내키는 모양이다. 별도의 주머니가 동이 난 나는 그냥 지켜볼 수밖에 없었다. 여자들은 나이가 들면 집이 편안해야 한단다. 바람이 조금만 불어도 아내가 밤새 잠을 설치게 되니, 창호 교체가 우리 부부의 숙원 사업이 되고 말았다.

우리 아파트는 산 끝자락을 깎아 세워서, 베란다 창문 너머에는 바로 숲이 우거져 있다. 산 초입에는 아파트보다 더 오래된 성당이 자리하고 있다. 며칠 전부터 성당 지붕에 인부들이 보이더니 도색 작업이 한창이다. 벽면은 흰색으로, 지붕은 초록에서 주황색으로 바뀌고 있다. 짙어 가는 신록에 산뜻함을 더한다. 그 멋있는 정경도 창문을 열지 않으면 뿌옇게 보인다. 기존 설치된 유리창 앞뒷면에 세월의 때가 묻어나서 생기는 현상이다.

하루는 아내가 전단지 묶음을 놓고 이리저리 전화하더니 뭔가 결단을 내린 모양이다. 얼마 전 꼭대기 층의 창호를 교체할 때 알게 된 시공업자와 과감하게 계약을 체결한다. 공사 업자를 불러 실측하고 난 뒤부터는 나도 방관자로만 일관할 수가 없다. 그래서 이미 공사를 한 우리 라인 여러 집을 외곽에서 살펴보고 업자에게 몇 가지 수정을 요구했다. 아내는 진작 이야기하지 왜 이제 와서 난리냐고 불만을 터뜨렸다. 하긴 좀 머쓱하다. 아내는 손 없는 날을 정해 공사 일자를 잡았다. 공교롭게도 평생교육원 수업 일과 겹친다.

같이 수업을 받는 교육생 중에 공직에서 은퇴하고 관세사를 하는 올해 팔순인 남자 사진작가가 있다. 그가 시청 전시관에서 두 번째 사진전을 연다고 한다. 교육을 마치고 우르르 몰려갔다. 마음은 공사 중인 집에 있지만 동문수학하는 의리상 따로 행동할 수가 없다.

관람 후 단체로 식사하러 갈 때 슬그머니 빠져나와 차를 몰고 부리나케 귀가했다. 혼자서 외롭게 현장을 지키던 아내가 반색한다. 공사는 거의 마무리 단계에 있다. 해가 질 무렵 창호 설치가 끝나고, 베란다에서 임시로 피신시켜 놓은 장독과 화초, 짐들을 다시 제자리로 옮기고 나니 수개월간 뭉쳐 있던 응어리가 눈 녹듯 사그라진다.

창호공사가 끝난 다음 날 아침이다. 식사 준비를 하던 아내가 뒤 베란다 쪽에서 나를 급히 부른다. 가까이 가니 이번 공사에서 가장 마음에 드는 곳이라고 하며 창문 밖을 가리킨다. 항상 흐려 있던 곳이 투명 유리로 바뀌었다. 창틀에는 새로 단장한 성당의 지붕, 숲을 이룬 길쭉한 소나무들, 신록이 짙어 가는 산봉우리들이 한 폭의 풍경화로 멋들어지게 어우러져 있다. 아내가 소장한 가격을 가늠할 수 없는 불멸의 명화$_{名畵}$이다.

(1집《불멸의 명화》에서 발췌)

둥지

뒷산이 소란스럽다. 창문 너머로 "깍깍깍" 경쾌한 까치 소리에, "까악까악" 음산한 까마귀 소리, 틈새를 비집는 "뻐꾹뻐꾹" 뻐꾸기의 울음소리가 왁자하다. 온종일 새들의 지저귐으로 내 아파트에는 자연의 하모니가 넘쳐 난다.

우리 부부가 걷기 운동을 하는 뒷산 오솔길은 소나무 군락지다. 몇 해 전만 해도 청설모가 이 지역을 주름잡았다. 언젠가 까치가 나타나 청설모를 떼로 공격하더니 숲의 주인이 바뀌었다. 근래 오솔길 아래 곧게 뻗은 소나무 우듬지에 까치가 둥지를 틀었다. 특이하게도 까마귀가 그 주위를 맴돈다.

오늘은 평생교육원에서 까치에 대한 글을 합평했다. 노련한 여류작가의 관찰력이 돋보이는 작품이다. 너무나 생생하게 묘사해서 우리 집 뒷산이 바로 눈앞에 있는 듯하다. 휴식 시간에 집 뒤의 요란한 까치 소리 이야기를 했더니 산란철이라서 그렇다고 한다.

나는 까치집 주위를 맴도는 까마귀가 생각나서 까치와 까마귀가 싸우면 누가 이기느냐고 물어봤다. 옆에 있던 남자 문우가 한 마리씩 맞붙으면 아무래도 덩치가 큰 까마귀가 이길 것이라고 한다. 그러나 까마귀는 혼자 다니는 습성이 있어서 떼로 몰려다니는 까치를 이길 수 없다고 한다. 어느 날 시골 마을 감나무에 까마귀 한 마리가 나타나 홍시를 파먹고 있자 텃새인 까치 부부가 쫓아내더라고 한다. 그 이후로 까마귀는 감나무 근처에 얼씬도 하지 않더란다. 까치가 둥지 주위에서 얼쩡거리는 까마귀를 소 닭 보듯 하는 이유를 그제야 알겠더라.

어린이집에 다니기 시작한 손자가 주말을 이용해 집에 왔다. 나는 손자가 오면 주려고 맛있는 과자를 준비해 놓았다. 하지만 딸은 아토피에 걸릴까 봐 단속이 심하다. 까치 소리를 들려주겠다며 손자의 손을 잡고 슬며시 서재로 쓰는 작은방으로 데리고 갔다. 창문을 열고 새소리를 들려주면서 숨겨 놓은 과자를 슬쩍 입에 넣어 줬다. 난생처음 단것을 맛본 손자 녀석은 까까가 먹고 싶어 별짓을 다 한다. 그 방에만 가면 깍깍거린다. 볼일이 없어도 저 혼자 가서는 깍깍거리며 할아비를 찾는다. 나는 딸에게 혼날까 봐 딴전을 피우며 얼른 데리고 나왔다.

내가 즐겨 보는 블로그에 뻐꾸기에 대한 수필이 한 편 올라왔다. "뻐꾹 뻑뻐꾹 뻐꾹", 남의 집에 알을 낳은 뻐꾸기가 어미 품으로 찾아오라고 애달피 우는 소리라고 한다. 새끼가 어미를 찾아오지 못할까 봐 노심초사 피를 토하듯 울어 댄다고도 하고 있다. 그런데 인터넷에서 찾아본 자료에는 울음소리의 의미가 글의 내용과 전혀 다르다. "뻐꾹뻐꾹"은 수놈이 짝짓기를 위해 암놈을 부르는 소리라고 한다. 간혹 "뻑뻐꾹" 하고 울기도 하는데 암컷이 가까운 곳에 있을 때 수놈이 내는 소리라고 한다. 암놈은 그저 "삐삐삐삐" 거린다고 하니, 해외 입양아를 다룬 감동적인 글이 뻐꾸기 울음소리의 오류로 희석되고 말았다.

뻐꾸기는 스스로 둥지를 틀지 않고 멧새, 때까치 등 소형 조류에 탁란托卵하는 여름새이다. 5월 하순에서 8월 상순까지 이곳저곳 옮겨 다니며 남의 집에 한 개씩, 도합 열 개 남짓의 알을 낳는다. 새끼는 포란 후 열흘이면 부화되고, 태어나자마자 같은 둥지에 있는 알과 새끼를 모두 밖으로 밀쳐 내고 둥우리를 독점한다. 둥지가 꽉 찰 정도로 자라면 키워 준 어미를 헌신짝처럼 버리고 날아간다. 기르는 어미 새도 새끼의 덩치가 유별나서 '내 새끼일까?' 하고 의구심을 품는다고 한다. 그래도 먹이를 물어다 주며 양육하는 것은 자기 핏줄이 아니라는 확신이 없어서 그렇단다.

뻐꾸기의 얄미운 짓거리를 보니, 김동인의 〈발가락이 닮았다〉라는 단편소설이 생각난다. ― 가난한 월급쟁이인 M은 서른두 살의 노총각이다. M은 혈기를 이기지 못해 유곽으로 달려가곤 하다가 성병으로 인해 생식능력을 잃고 만다. 결혼을 한 M의 아내가 아들을 낳고 그 아이가 반년쯤 자랐을 때, M이 기관지가 좋지 않은 아이를 안고, 친구이자 의사인 나를 찾아온다. M은 아들이 제 증조부를 닮았으며, 아이의 발가락이 가운뎃발가락이 가장 긴 자신의 발가락과 닮았다고 한다. 나는 동정을 느끼며 발가락뿐만 아니라 얼굴도 닮은 데가 있다고 말해 준다. ― 집안에 남의 씨로 의심되는 자식을 들여놓고 안절부절못하는 행태가 탁란을 당한 어미 새와 어찌 그리도 닮았는지.

일설에는, 뻐꾸기는 몸이 길고 다리가 짧아 구조적으로 알을 품을 수 없다. 부리조차 남달라 둥우리를 틀지도 못한다. 대를 이어 가기 위해서는 자신의 알을 남의 둥지에 몰래 맡길 수밖에 없는 처지라고 한다. 다른 가설로는, 뻐꾸기는 아주 짧게 머무는 철새이다. 산란기에 알을 많이 낳기 위해서는 포란과 육아로 허비할 시간이 없다. 그래서 다른 새의 둥지에 탁란하여 위탁모가 키우게 한다고도 한다.

탁란을 당하는 새도 가만히 손을 놓고 있지는 않는 모양이다. 흔히 뱁새라고 부르는 붉은머리오목눈이는 탁란을 당하지 않으려고 알의 색깔을 바꾸는 등 나름의 방책을 세운다. 뻐꾸기 역시 알을 비슷하게 바꾸는 등 고도의 술수로 대응한다. 높은 나무에 앉아 숙주 새가 둥지에서 언제 자리를 비우는지, 알을 몇 개나 낳았는지 면밀히 관찰한다. 체내 부화 시간까지 조절하여 최적 시간에 알을 한 개 낳으면, 반드시 알 한 개를 제거한다고 하니 희대의 모사꾼이 따로 없다.

손자가 어린이집에 다니기 시작한 뒤로 재롱이 부쩍 늘었다. 음악 소리만 들리면 엉덩이를 흔들며 신나게 춤을 춘다. 원하는 게 있으면 거짓 울음 연기로 실소를 자아내게도 한다. 그 귀여운 모습에 전세가 역전되었다. 제 부모는 물론 할미까지 가세하여 녀석에게 점수를 따려고 별궁리를 다 한다. 그래도 나에게는 손자와 교감할 비장의 무기가 있다. 내 둥지인 서재로 가면 손자도 얼씨구나 하고 뒤를 따른다.

손자 녀석은 제 아빠 판박이다. 딸이 시댁에 가서 시어머니 아들을 둘이나 돌보고 있다고 할 정도다. 소설 속의 M과 달리, 사위는 제 자식을 보며 이 세상에 왔다 가는 흔적을 제대로 남겼다고 뿌듯해할 게 분명하다.

(1집 《불멸의 명화》에서 발췌)

작품 해설

| 작품 해설 |

인생을 재점화하는 김선경 수필의 미학

박양근
문학평론가, 부경대 명예교수

　모든 생명은 살아 있는 한 변화한다. 변화는 과거와 현재와 미래를 잇는 생리적 가교와 같다. 그리스 작가 오바드가 남긴 세기의 고전인 《변신》은 신들이 보여 주는 변화의 역동성을 통해 다른 무엇이 되려는 인간의 욕망을 숨김없이 그려 낸다. 변신은 그 점에서 작가와 예술가가 그리는 초상화와 유사하다. 무엇보다 변신과 변화는 살아남기 위한 정신적 육체적 진화이기도 하다.
　수필도 일종의 자화상이다. 자신을 직시하고 자성하여 당면한 상황에 대처하는 내용의 글쓰기다. 당연히 살아 내는 방식을 찾는 작가의 거울로서 전기성을 지닌다. 김선경의 두 번째 수필집 《변화의 시작》은 칠순을 맞이하는 자아 탐색을 펼치고 있다. 대부분의 노인들이 뒷방 늙은이로 자처할 때 그는 꿈 많던 소싯적 시절과 장년기의 경륜과 다가올 여생을 조합한 정체성을 모색한다. 세월을 합치고 모든 삶의 조각을 엮어 진정한 미래를 건축하려 한다. 변화의 시공으로 귀환하려는 동기는 초시간적 영역에서 살려는 작가의 소망에 일치한다. 그 초자아가 "시작의 변화"를 이루어 낸 결실이《변화의 시작》이라고 말한다. 이처럼 변화의 시작과 시작의 변화만큼 김선경 문학의 진수를 알려 주는 담론이 없다.

1. 봄날의 회춘

김선경 수필가가 이루려는 변화는 회춘이다. 예순아홉 나이에 회춘이라면 가당찮다 말할지 모르나 그가 바라는 것은 새봄처럼 감각과 감성을 소생시키는 미학적 변신이다. 작가로서 살려면 하루하루를 금싸라기처럼 아껴야 한다. 촌음을 앞둔 만큼 모든 것이 새로워야 한다. 시작은 희망과 열정과 꿈으로 이루어지듯 그는 작가로서 근육과 정신이 춘기(春氣)를 맞이하기를 원한다.

그 변화는 어디에서 시작하였을까. 본격적인 변화는 8년 전 수필을 만났을 때다. 〈점괘와 글 길〉은 전업 작가는 아니지만 어린 시절 단골 운세였던 판검사처럼 삶의 문서를 기록하면서 자아를 점검하는 작가의 초상이다. 그는 지난 삶을 재조명하면서 겸허와 자족의 자아를 이루려 한다. 독서하고 집필하는 작업은 구도(求道)라는 변화를 일으킨다는 걸 알았기 때문이다.

  그는 자신에게 묻고 답한다. 70 가까운 나이에 무엇으로 나를 변화시킬 수 있는가. 그는 퇴직자이므로 재물이나 명예로 변화를 이루어 낼 수 없다는 점을 잘 알고 있다. 그러므로 문청(文靑)의 시절을 복원하여 쌓아 온 이력을 재점검함으로써 진솔하게 살아갈 방책을 찾는 것이다. 아직도 책을 읽으면 울컥하고 감성적인 글귀를 대하면 심장이 떨릴 만큼 그의 영혼은 순수하다. 그럼 되었다. 일상도 행복하고 평온하다. 이제 남은 것은 글로써 변화를 다지는 일이다. 길 없는 들판에 길을 만들고 무미건조한 일상에 연잎 이슬 같은 미감을 더하면 더 이상 바랄 것이 없다.

  또 하나의 변화는 외손자가 가져다준 〈기러기 할배〉라는 신분이다. 이 신원은 젊은이들의 결혼이 드물어지면서 존귀한 신분이 되었다. 작가의 작품 중에서 상당한 내용이 손자와 아내와 할아버지인 그의 이야기에 배분되어 있다. 내용인즉, 아내가 손자를 돌보기 위해 주중 출근을 한다. 그동안 "기러기 할아버지"가 되어 버리지만 불만스럽지 않다. 집안일을 스스로 처리하여도 행복하고 뿌듯하다. 주말부부로 지내던 옛 시절에 아내에게 잘해 주지 못한 것을 후회하는 그는 손자를 돌보느라 지친 지금의 아내를 보면 가슴 아프다. 손자가 집에 오면 왕자를 대하듯 온갖 준비에 소홀함이 없다. 이것만 한 회춘이 없고 반가운 변화도 없다. 선고(先考)에게 소임을 다했다는 안도감도 얻는다.

  어쩌면 그의 변화는 수필과 손자의 출현으로 이루어졌다고 볼 수 있다. 수필은 정신적이며 영혼적인 완성을, 손자는 현실적이고 혈육적인 완성을 뜻하므로 그는 누구보다 행복하다. 어느 때보다 자족과 만족의 생을 누리고 있다. 고독의 시간이 있어 책을 읽고 영감이 떠오르는 글도 쓸 수 있으니 그만한 무릉도원이 달리 어디에 있는가. 두 번째 수필집에 《변화의 시작》이라고 붙인 이유가 여기에 있다.

2. 어머니는 가족의 희망

남자는 아이로 태어나 남편이 되고 할아버지가 된다. 그 변화는 남성의 절박한 일상과 남모를 자존심을 좌우한다. 분명한 사실은 어머니에게 바치는 아들의 묵묵한 애정과 존경을 딸자식은 쉽게 이해할 수 없다. 오이디푸스 콤플렉스를 이야기하지 않더라도 남자아이에게 어머니는 그리움의 본향이므로 성인이 된 후에 불현듯 외로우면 어린 시절에 어머니가 해 준 먹거리를 떠올린다. 식탁을 아내가 메워 주더라도 어른 남자는 어린아이였던 소아증에서 벗어날 수 없다.

김선경이 회춘을 문학적 소생과 혈육적 출산으로 그린다면 후지텁텁한 어린 시절을 견디게 해 주었던 보호자는 어머니다. 작가는 〈참살이 셰프〉에서 고백하듯이 요즈음 직접 밥을 하고 잠자리를 준비한다. 그럴 때 울컥 떠오르는 이름이 30여 년 전에 돌아가신 어머니다. 아내의 음식 솜씨는 결코 어머니의 손맛을 따를 수 없다는 남성이 지닌 무언의 진실을 대변한다랄까.

작가에게 어머니는 인생 "셰프"다. 4대 봉제사와 명절 준비를 치렀던 어머니, 시래기거리를 줍던 여름날의 어머니, 달싹한 술지게미와 시루에서 뽑아낸 콩나물국, 생선국과 꽁보리밥과 풋고추조차 천하별미로 만들었던 어머니의 요리법을 결코 잊을 수 없다. 어쩌면 작가는 어머니의 음식 솜씨를 흉내 낼 때면, 참살이 인생을 가르쳐 준 어머니를 떠올릴 것이다.

여름은 가을이나 겨울보다 더욱 어머니가 생각나는 계절이다. 코 흘리던 시절 촛불과 호롱불을 들고 변소를 지켜 주었고, 밤늦도록 들려준 어머니의 이야기는 미래의 수필가가 되게 하였다. 나아가 어머니에 비하면 〈어설픈 이야기꾼〉일지라도 지금은 어엿한 이야기 솜씨를 손주에게 발휘하고 있다.

중학교 시절에 키운 복슬강아지 베느조차 〈어머니의 반려견〉이었다. 어미가 된 베느가 낯선 곳에서 필사적으로 도망쳐 돌아왔을 때 작가는 자식을 향한 모정에 감동을 받는다. 모성과 모정은 종(種)을 초월한다. 세상의 모든 어머니는 새끼와 자식이 세상에서 살아남도록 지혜를 전수하는 교육자다.

김선경은 어머니의 요리 솜씨와 반려견을 회상하면서 자식을 어떻게 키워야 하는가를 명심한다. 이러한 자식애는 〈천진불〉에서 거듭 확인할 수 있다. 천진불은 불생불멸의 참된 마음을 뜻하지만, 어린이를 부르는 말이기도 하다. 작가는 어머니가 그랬듯이 "손자를 부처"라 여기며 3일 동안 함께 지낸 것을 더없는 행복으로 여긴다. 손자를 맞이하기 위해 자동차 에어컨을 수리하고 다대포 해수욕장으로 나들이했던 것도 어머니로부터 물려받은 혈육애에서 비롯한다. 이처럼 작가는 어른과 아이를 가문이라는 DNA로 엮어진 서로의 분신으로 풀어낸다.

영원한 고향인 어머니를 감동적으로 그려 낸 작품에 〈뒷산 호박꽃〉이 있다. 외적 줄거리는 산책길 초입에 호박밭을 일군 봉사를 말하지만, 사실은 억척스럽게 일생을 살아 냈던 어머니의 여름철 삶을 되살리고 있다. 커 가는 호박을 만져 보지 못할지라도, 새들이 호박꽃을 쪼아 먹을지라도, 호박의 꽃말은 변함없이 '포용과 관대함'이다.

작가는 지금도 참살이를 배우는 중이다. 어머니의 희생에 대한 고마움, 아내의 말 없는 희생심, 딸의 잔잔한 배려, 손자의 앙증맞은 재롱이 그의 참살이에 소중한 역할을 하고 있다. 그 인식은 진지하다. 아내가 딸네 집으로 떠난 여름철 저녁이면 홀로 막걸리를 앞에 두고 어머니가 해 주던 배추전과 호박전을 그리워하는 사람이 김선경이다.

3. 그때가 그래도

"나이 든 남자도 가을을 타는가?"라며 묻고, 김선경은 〈억새의 손짓〉에서 그렇다고 말한다. 그는 어느덧 가을 남자가 되었다. 허공을 가르는 낙엽과 들바람에 휘날리는 가을 풀을 보면 가슴이 먹먹해진다. 나이 때문에 생긴 우울증인가 두렵기도 하다.

한여름에서 겨울로의 변화는 가을에서 시작한다. 작가로서 그는 가을이야말로 돌아올 수 없는 과거에서 예측할 수 없는 미래로 건너가는 간이역이라고 믿는다. 그러므로 예민한 촉수를 올려 주변의 모든 것에서 시간의 섭리를 깨우려 한다. 그 세월을 회상하는 때가 가을이다.

김선경은 새삼스럽게 불러 모은 과거로써 자신의 삶의 구조를 재편한다. 표제작인 〈변화의 시작〉은 당당한 젊음과 잘 익은 중년의 문양으로 짠 수작이다. 그는 언제부터 변화가 일어났는가를 곰곰이 생각한 끝에 어릴 적에 울보였지만 어느 순간 독종 아이가 되었고 다시 삶의 여유를 갖춘 변신이라는 연보(年譜)를 작성한다. 직장 생활을 하고 가정을 갖추고 손자를 얻고 글을 쓰는 삶의 마디가 현존재로 발전하였음에 감동한다.

그 변화의 바닥에는 늘 어머니라는 존재가 있었다. 다듬질하는 어머니, 흰 고무신을 냅다 던지던 어머니, 다리몽둥이를 분질러 버릴 거라며 빗자루를 들고 쫓아오던 어머니. 그 극성 덕분에 천둥벌거숭이였던 그는 손자를 가진 할아버지가 되었다. 이 변화는 자연스럽지만 누구나 가질 수 있는 선물이 아니다. 독자도 그를 지켜보면서 자신의 변화가 어느 단계에 와 있는지 되돌아보게 된다. 이처럼 김선경의 글은 흡인력이 강하다. 그 이유는 현재 누리는 삶이 고맙다고 여기는 그의 심덕 때문이다. 가을처럼 저물어 가는 사람에게는 더욱 그렇다.

김선경의 삶은 보통 남자와 별반 다른 것이 없다. 수필가로서 남자의 삶을 차분하게 펼쳐 냄으로써 모든 남성의 비사를 대변한다. 가을을 배경으로 하는 그의 스토리텔링은 우리들에게도 한때 〈별의 노래〉를 뜨겁게 부르던 〈비사(祕史)〉가 있었고 밤이 연출해 주는 별자리가 찬란했음을 회상시켜 준다. 물론 그 시절이 풍류에 미치지는 못하지만, 마라톤 트랙에서 비켜난 지금 우리의 몸을 따뜻하게 해 준다고 알려 준다.

김선경과 같은 시절에 태어나 조금씩 쇠락해 가는 가을철 남자의 남은 소임은 지킴이가 되는 것이다. 쌓아 올린 명예와 자제심과 가족을 지키는 책임이 그것이다. 〈부산 지킴이〉는 부산에서 태어나 자라고 생활해 온 삼대 토박이로서의 다짐을 그려 낸다. 이것이 후손에게 남겨 줄 마지막 유산이다. 창공의 빛난 별도 살같이 지나가지 않는가. 그러므로 늙음을 앞둔 남성은 마지막 본분을 단단히 지켜야 한다고 말한다. 이것이 쉽다고 여겨서는 안 된다. 마지막 정성으로 본분을 거두는 것, 그것이 《변화의 시작》이 갖는 유종의 미가 아닌가라고 작가 김선경은 말한다.

4. 만년에 빚는 상념

살아 있는 한 결코 여행할 수 없는 곳이 저승이다. 저승은 오직 죽은 자만이 갈 수 있는 신비롭고 두려운 세계이다. 원하든 원하지 않든, 나이가 들면 저승에 대한 공상을 한다. 나는 종교인이니까, 아니면 무신론자이니까라는 구별은 별 의미가 없다. 최종 티켓을 받을 때까지는 누구도 그 목적지를 알 수 없다.

김선경은 나이를 꽤 먹었다. 집안 제사 일이 다가오거나 친구 문상을 다녀오면 까닭 없이 마음이 요동친다. 그는 "나는 무신론자다"라고 〈저승 탐방〉에서 거듭 말하지만, 미래의 저승 탐방이 어떤 형국으로 다가올지 자못 궁금하다. 사후 세계는 죽었을 때 가는 장소가 아니라는 것이다. 불확실한 미래이므로 오히려 현실을 지배하는 보이지 않는 나침반이 된다. 그 관념이 가슴에 들어 있으므로 현실의 삶을 자성하고 자제할 수 있다.

죽음에 대한 작가의 인식을 보여 주는 작품으로 〈순장 애곡〉과 〈유비무환〉을 들 수 있다. 〈순장 애곡〉은 경북 고령에 있는 가야 고분을 찾아간 내용으로 내면에 흐르는 가야금 소리에 어울린 순장을 문화적으로 다룬 해석이다. 어린 소녀의 순장이 강요된 죽음이지만 천명을 따르는 순리라는 생각도 한다. 이처럼 김선경은 과거의 역사이든 현재의 인생사이든 양면 가치성을 함께 인정한다.

〈유비무환〉은 〈순장 애곡〉의 연장선에 놓인 작품이다. "죽음이 곧 삶"이라는 서두는 철학적 담론이면서 일상적 문제다. 죽음은 고칠 수 없는 병이라는 의학적 소견을 빌리지 않더라도 누구나 독감에 걸리거나 경로 카드를 받거나 병원 간판을 보면 죽음에 대한 공포를 떠올린다. 어쩌면 그러한 두려움이 있어 인간은 절제의 라인을 넘지 않을지도 모른다. 작가는 현명하게도 철학적 번민보다는 유비무환이라는 실용적 지혜로써 앞일을 예비한다. 그 한 가지 예는 아내의 심정을 헤아리는 것이다. 나이가 들수록 아내가 아프다는 것은 가정의 시스템이 붕괴된다는 것을 뜻하기 때문이다.

가정의 불안정은 행복한 현재가 무너지는 원인이 될 수 있다. 인간은 변화가 일어나면 대처할 수 있지만 변화 그 자체의 발생을 막을 수 없다. 그러므로 나이 듦의 시절이 가까이 올수록 과거와 현재와 미래를 동시에 생각하는 통시적 사고가 필요하다. 김선경은 탄탄한 만년(晩年)을 마련하기 위해 어느 때보다 가족의 건강과 안전을 지키겠다는 다짐으로 수필을 쓰고 있다. 이것만큼 현실과 이상을 함께 조화시켜 나가는 "변화의 시작"이 달리 어디에 있는가.

덧붙여

글을 쓰는 목적은 사람마다 다르다. 작가이고 싶거나, 삶이 윤택하도록 글쓰기를 선택한다. 어떤 사람에게는 운명의 선택이 되어 글쓰기 이전과 이후가 판이하게 달라지기도 한다. 무미건조한 일상에서 벗어나 진보하고 변신함으로써 인생 서사의 첫 페이지를 장식하기도 한다.

김선경의 제2수필집 《변화의 시작》은 그러한 시점에 놓인 전환점이다. 과거에서 미래로, 일상인에서 작가로 나아간 변모를 화소로 삼은 자전적 서사다. 더하여, 심층적인 성찰과 반추로 한결 탄탄한 문장력을 구사하고 있다.

김선경 작가는 말년을 풍요롭게 보내기를 소망한다고 머리말에서 밝히듯이 그의 인생은 항상 긍정적이다. 생각의 탄생이 그의 속성임을 보여 줌으로써 《변화의 시작》은 이웃 독자를 위한 인생지도가 될 정도의 경험론적 통찰력도 담고 있다.

변화의 시작

초판 1쇄 발행 2025년 5월 19일

지은이 김선경
펴낸이 장길수
펴낸곳 지식과감성#
출판등록 제2012-000081호

교정 정은솔
디자인 정윤솔
편집 정윤솔
검수 이주희, 이현
마케팅 김윤길

주소 서울시 금천구 벚꽃로298 대륭포스트타워6차 1212호
전화 070-4651-3730~4
팩스 070-4325-7006
이메일 ksbookup@naver.com
홈페이지 www.knsbookup.com

ISBN 979-11-392-2602-7(03810)
값 16,700원

- 이 책의 판권은 지은이에게 있습니다.
- 이 책 내용의 전부 또는 일부를 재사용하려면 반드시 지은이의 서면 동의를 받아야 합니다.
- 잘못된 책은 구입하신 곳에서 바꾸어 드립니다.
- 본 도서는 2025년 부산광역시, 부산문화재단 〈부산문화예술사업〉의 지원을 받았습니다.